NORMAN H. SCHNEIDER

BOBINES À INDUCTION
Comment les fabriquer, les utiliser et les réparer

CONTENUS

PRÉFACE

La grande faveur avec laquelle la première édition de ce petit ouvrage a été reçue et l'intérêt sans cesse croissant pour son sujet, ainsi que de nombreuses améliorations et recherches précieuses, peuvent être invoqués comme raisons de cette nouvelle édition.

Le livre a été entièrement révisé, en partie réécrit, et une matière nouvelle considérable, avec vingt-six nouvelles illustrations, a été ajoutée. Il a été mis à jour dans la mesure où la science électrique est allée.

Détailler tout ce qui a été fait est une tâche trop lourde pour une préface; nous pouvons brièvement mentionner le nouveau sujet suivant:

Bobines pour moteurs à essence et automobiles; bobines médicales, instructions concises pour le fonctionnement et les réparations; nouvelles formes de disjoncteurs, y compris électrolytiques etivcal; appareils d'éclairage au gaz; batteries primaires et secondaires.

Le chapitre sur les appareils à rayons X a été entièrement réécrit et est très pratique; et un chapitre entier sur la télégraphie sans fil a été ajouté. Dans un livre de cette taille, il n'est pas possible de donner des instructions spécifiques et des dimensions complètes pour la fabrication de tous les appareils décrits. En effet, une grande partie de ces derniers doit être adaptée à l'usage particulier pour lequel ils doivent être utilisés. Là encore, la même quantité de matière ne produira pas toujours les mêmes résultats. Un enroulement un peu plus proche, une pression plus élevée appliquée à la cire de refroidissement d'un condenseur, et la puissance ou la capacité de l'un ou l'autre est modifiée.

Les questions purement de conception ou de goût doivent être régies par la faculté créatrice du travailleur; mais des détails et des règles généraux sont donnés qui seront suffisants pour permettre à quelqu'un possédant une capacité constructive ordinaire de fabriquer son propre appareil.

L'ensemble du processus de fabrication de bobines ne nécessite pas de compétences mécaniques élevées, mais surtout de la patience et une attention aux détails; et, peut-être le meilleur de tous, mais peu d'outils sont nécessaires, tous d'un type simple.

Nous vous prions de saluer les courtoisies reçues de MM. Queen & Co., le *Scientific American* pour le frontispice et la figure 13, le livre de M. Goldingham sur les moteurs à huile pour la figure 12, et d'autres qui ont aidé l'auteur. La meilleure pratique américaine et anglaise a été adoptée; les calibres et tailles de fils standard américains sont utilisés, sauf indication contraire.

Une liste des travaux, particulièrement intéressants pour le bobinier, se trouve à la suite de l'index.

HS NORRIE
(Norman H. Schneider.)

CHAPITRE I: CONSTRUCTION DES BOBINES.

En commençant une description de la bobine de Ruhmkorff et de ses utilisations, une brève mention des lois fondamentales de l'induction directement liées à son action aidera à obtenir une conception intelligente de la manière appropriée dont elle doit être construite et manipulée.

Toute variation ou interruption d'un courant électrique circulant dans un conducteur induira un courant momentané dans un conducteur adjacent; et si le second conducteur est un fil isolé enroulé autour du premier conducteur, également une bobine de fil isolé, l'effet est accru. L'intensité du courant secondaire ou induit augmente avec le nombre de tours de son conducteur, la brusquerie et la plénitude de la variation du courant dans la première bobine ou bobine primaire, et la proximité des bobines. Et l'insertion d'une masse de fer doux dans la bobine primaire par son aimantation et sa démagnétisation conséquentes augmente encore davantage l'effet inductif. Il y a d'autres causes contributives qui ne peuvent être traitées ici, mais qui ne sont pas aussi importantes que les précédentes.

Dans la bobine de Ruhmkorff, qui est une application des lois ci-dessus, la bobine primaire est en gros fil et la bobine secondaire en fil extrêmement fin, d'une longueur plusieurs milliers de fois plus grande que le fil de la bobine primaire. Le courant est brusquement interrompu dans le circuit primaire par un dispositif approprié - le disjoncteur ou le rhéotome. Le courant induit dans le secondaire à la marque du circuit est dans le sens opposé à celui de la bobine primaire et de la batterie, mais le courant à la coupure du circuit est dans le même sens que celui du primaire. L'effet du courant à la coupure du circuit est plus puissant que celui à la marque, qui est aussi quelque peu neutralisé par le courant de batterie opposé. Un condensateur ou une jarre de Leyde est connecté à travers le disjoncteur de contact pour absorber un *courant supplémentaire* induit dans la bobine primaire par la rupture du circuit, ce qui tendrait à prolonger la magnétisation du noyau au-delà de la limite souhaitée.

L'ensemble de l'appareil est monté sur une base en bois, ayant le condenseur dans un faux fond par souci de compacité.

Il n'est pas prévu ici de décrire toutes les opérations mineures dans la construction d'une bobine de Ruhmkorff. Une description et un examen suffisants des principaux points à prendre en considération seront toutefois donnés pour permettre à une personne assez compétente dans l'utilisation d'outils simples pour construire un instrument utilisable.

Les pièces et leur disposition les unes par rapport aux autres sont représentées sur la figure 1, mais ne sont pas dessinées strictement à l'échelle, bien que de très près.

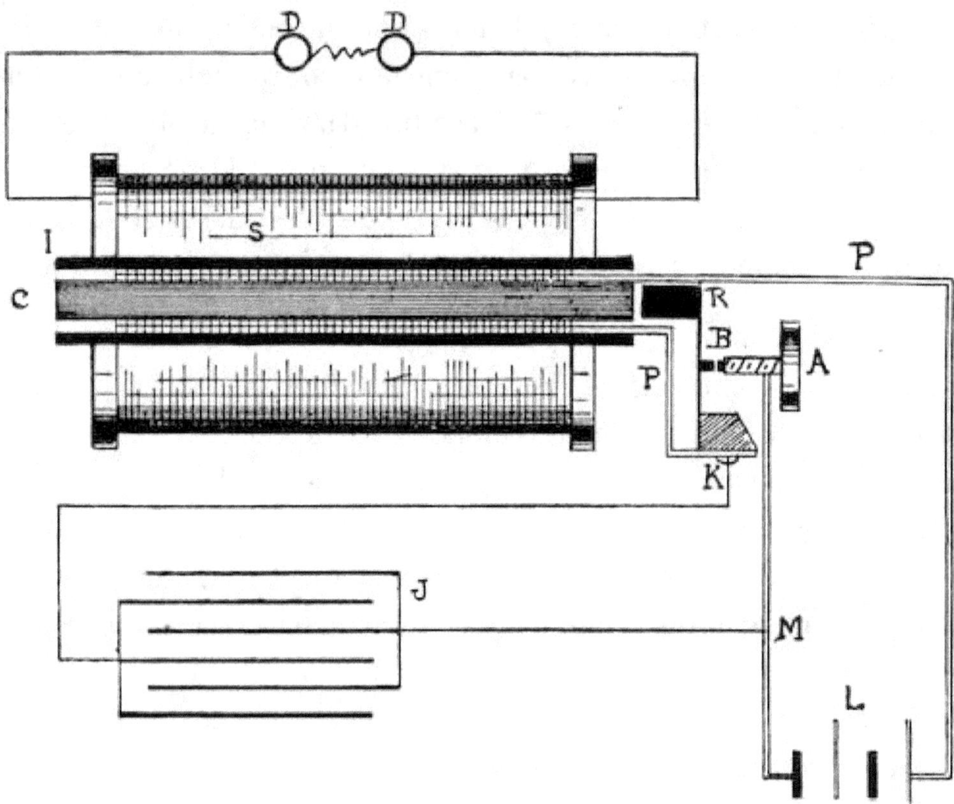

FIG. 1.

C est le noyau, constitué d'un faisceau de fils de fer doux aussi fins que possible. Plus la subdivision du noyau est grande, plus il répondra rapidement à la magnétisation courant dans la bobine primaire, et perd son magnétisme lorsque le courant cesse. Il présente un autre avantage, en ce que le tourbillon désavantageux, ou courants de Foucault, est diminué, ce qui, cependant, n'est pas assez important pour nécessiter un examen approfondi.

De nombreux fabricants de bobines saturent le noyau avec de la paraffine ou de la gomme laque, ce qui présente un léger avantage. Ce noyau est enveloppé dans une couche isolante de papier paraffiné ou enfermé dans une coque en caoutchouc, il n'y a pas de grande nécessité d'utiliser plus qu'une isolation ordinaire entre le noyau et la bobine primaire.

Dans la majorité des bobines d'induction ou «transformateurs» utilisés dans le système à courant alternatif d'éclairage électrique, les noyaux de fer forment un circuit magnétique fermé. Un circuit magnétique fermé dans une bobine de Ruhmkorff pourrait être obtenu en étendant le noyau de fer à chaque extrémité, puis en pliant et en fixant les extrémités ensemble, formant, pour ainsi dire, un anneau en partie à l'intérieur et en partie à l'extérieur de la bobine. Mais bien que les effets inductifs seraient accrus et moins de puissance de batterie requise, la lenteur du circuit à se démagnétiser serait à elle seule préjudiciable aux oscillations rapides du courant.

Il y aurait également une perte d'une plus grande hystérésis (énergie perdue dans l'aimantation et la démagnétisation du fer). Un noyau magnétise plus vite qu'il ne se démagnétise, et ce dernier est rarement complet; une certaine quantité de magnétisme résiduel subsiste, l'hystérésis étant strictement due à cette rétention d'énergie (Sprague). L'hystérésis se manifeste dans la chaleur, mais ne doit pas être confondue avec Foucault ou les courants de Foucault. Ces derniers sont corrigés en subdivisant le métal, mais les premiers dépendent de la qualité du métal et augmentent avec sa longueur.

De plus, une bobine à circuit magnétique fermé nécessite un disjoncteur de contact indépendant.

Dans la plupart des courants alternatifs utilisés pour l'éclairage, leur rapidité d'alternance estsept mais cent vingt-cinq périodes par seconde. Comme dans l'électroaimant simple, les proportions de diamètre et de longueur de la bobine primaire et du noyau détermineront sa rapidité d'action. Une bobine de graisse et un noyau courts agiront beaucoup plus rapidement qu'un long et mince. Mais sur une bobine de graisse courte, les virages extérieurs seraient trop éloignés de la partie la plus intense du champ primaire. Une bonne proportion de la longueur du noyau est donnée dans le tableau suivant:

Longueur d'étincelle de la bobine.	Noyau de fer.
¼	4 ″ × ½ ″
½	5 ″× $^{dix}/_{seize}$ ″
1	7 ″ × ¾ ″
2	9 ″× 1″
6	12 ″× 1⅛″
12	19 ″× 1½″

La bobine primaire *P se* compose de deux ou pas plus de trois couches de fil de cuivre isolé de grand diamètre, nécessaires pour transporter un courant élevé dans une bobine d'allumage de 2 pouces, probablement de 8 à 10 ampères. Lors de la conception de la bobine principale, une excellente publicité L'avantage provient de l'utilisation relativement peu de spires mais de gros fil. Chaque tour de fil dans le primaire a un effet d'étouffement sur son voisin par ce que l'on appelle l'auto-induction.

Comme la bobine primaire et le noyau peuvent être considérés comme un électro-aimant, il n'est peut-être pas hors de propos de remarquer la règle qui les régit. L'aimantation d'un noyau de fer dépend principalement des ampères tours de la bobine qui l'entoure - c'est-à-dire qu'un ampère transporté autour du noyau pendant cent tours (100 ampères-tours) équivaudrait en effet à dix ampères circulant sur dix tours. Pratiquement parlant, il y aurait certaines variations à la règle, car une difficulté se poserait en ce que le fil plus petit utilisé pour transporter le plus petit courant s'ajusterait de manière plus compacte et permettrait à plus de tours d'être plus près du noyau, l'effet actif des tours diminuant toujours. avec leur distance du noyau. Et bien qu'un gros courant et quelques tours n'auraient pas autant de soi-induction, il y aurait des problèmes au niveau du disjoncteur, en raison du courant important qu'il devrait contrôler.

Les tailles de fil les plus appropriées pour la bobine primaire sont: n ° 16 B. & S. pour les bobines jusqu'à 1 pouce d'étincelle; N ° 14 B. & S. jusqu'à 4 pouces d'étincelle et N ° 12 B. & S. pour une bobine d'allumage de 6 pouces. La bobine doit être, disons, un douzième de la longueur du noyau plus courte que le noyau.

I est le tube isolant entre la bobine primaire et la bobine secondaire S. Ici, une grande précaution est nécessaire pour éviter toute responsabilité de court-circuit ou de rupture d'étincelles de la bobine secondaire. Ce danger ne peut pas être sous-estimé et le tube doit être soit en verre, soit en caoutchouc dur, exempt de défauts, d'épaisseur variant avec les dimensions de la bobine. Il doit s'étendre au moins un dixième de la longueur totale de la bobine primaire au-delà à chaque extrémité. L'extrémité de ce tube peut être tournée vers le bas afin de permettre aux extrémités de la bobine en caoutchouc dur d'être enfilées et maintenues- dix en place par des anneaux extérieurs en caoutchouc dur (Fig. 2).

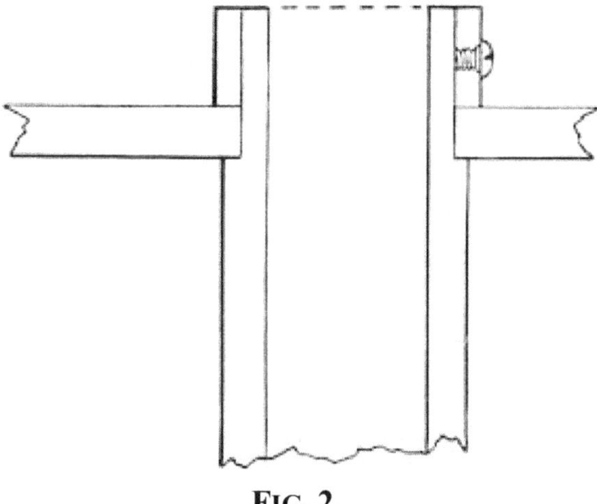

FIG. 2.

La bobine secondaire se compose de nombreuses spires de fil de cuivre isolé fin séparé de la bobine primaire par le tube isolant et une quantité généreuse de composé isolant à chaque extrémité. Dans les bobines donnant moins de 1 pouce d'étincelle, cette bobine peut être enroulée en deux sections ou plus.

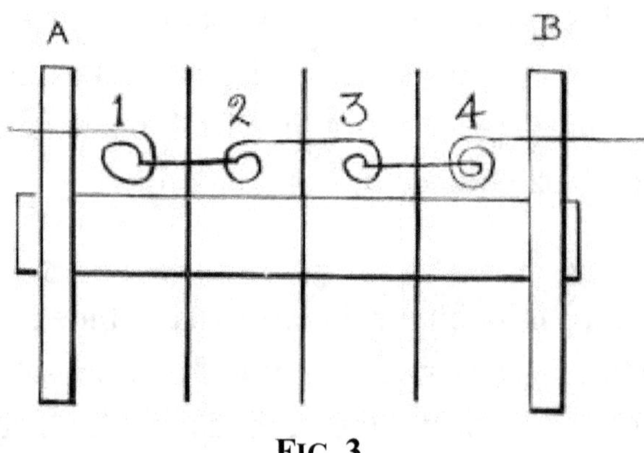

FIG. 3.

La manière habituelle de construire ces sections consiste à diviser l'espace sur le tube isolant au moyen d'anneaux en caoutchouc dur placés à égale distance les uns des autres, en nombre selon le nombre de sections souhaitées (Fig. 3). L'espace entre chaque jeu d'anneaux, ou entre l'extrémité de bobine et une bague, est enroulé avec le fil sélectionné, les sections remplies constituant un certain nombre de bobines complètes, qui sont finalement connectées en série. La méthode d'enroulement sectionnelle empêche la responsabilité de l'étincelle de sauter à travers un court-circuit, mais accentue sa tendance à passer dans la bobine primaire aux extrémités, où il doit donc en être spécialement isolé.

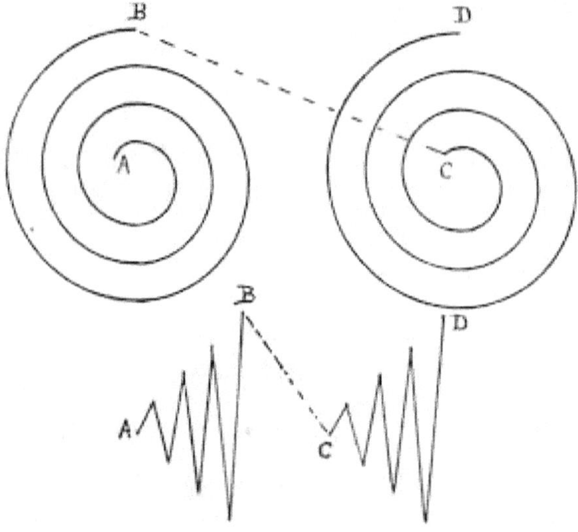

FIG. 4.

En enroulant ces sections, il y a une méthode maintenant généralement adoptée qui présente de nombreux points positifs, même si au début elle peut sembler compliquée. L'ancienne façon de remplir deux sections consistait à enrouler les deux dans le même direction aussi pleine que vous le souhaitez, puis joignez l'extrémité extérieure de la bobine gauche à l'extrémité intérieure de la bobine droite. Ceci nécessitait de ramener l'extrémité extérieure vers le bas entre deux disques, ou dans un trou vertical dans le diviseur de section, et de ce fait le rendait susceptible d'étinceler dans sa propre bobine. Ceci est représenté sur la Fig. 4, A et C à l' intérieur des extrémités, B et D se termine à l' extérieur, le disque étant compris entre B et C.

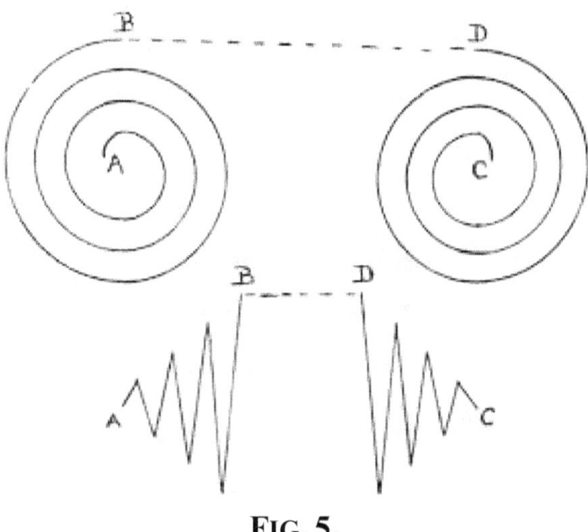

FIG. 5.

La référence à la figure 3 montre le nouveau procédé et la figure 5 montre un schéma agrandi des sections 2 et 3 de la figure 3.

Les sections 1 et 3, figure 3, sont remplies d'autant de spires que souhaité; la bobine est alors tournée bout à bout, et les tronçons 2 et 4 sont enroulés, étant ainsi dans le sens d'enroulement opposé aux tronçons 1 et 3.

Les extrémités intérieures de 1 et 2 et 3 et 4 sont soudées ensemble, et les extrémités extérieures de 2 et 3 sont également soudées ensemble.

Les extrémités extérieures de 1 et 4 servent de bornes pour la bobine.

Cette méthode de connexion laisse toutes les spires tellement jointes que le courant circule dans le même sens à travers elles toutes, comme on le verra par un examen du schéma agrandi, Fig.5.

Sprague, dans son "Électricité: sa théorie, ses sources et son application", recommande que les tours de fil dans la bobine secondaire augmentent progressivement en nombre jusqu'à ce que le milieu de la bobine soit atteint, puis diminuez jusqu'à l'extrémité de la bobine, afin que le plus grand nombre de spires soit dans la partie la plus forte du champ magnétique (voir Fig. 6). *DDD* sont des diviseurs de section, *S* enroulements secondaires, *P* bobine primaire. Le choix de la taille du fil à utiliser dépend des exigences relatives à l'étincelle. Si une étincelle courte et épaisse est souhaitée, utilisez un fil épais, disons n ° 34 B. & S .; s'il est long et fin, utilisez le n ° 36 au n ° 40 B. & S.

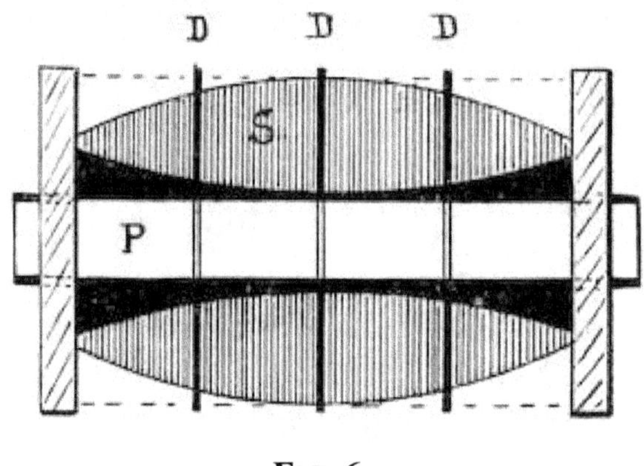

FIG. 6.

Bien qu'il soit impossible de poser les règles pour déterminer la quantité exacte de fil à utiliser pour obtenir une certaine taille d'étincelle, mais une moyenne juste est de permettre une étincelle de 1 ¼ livre n ° 36 B. & S. par pouce pour les petites bobines et légèrement moins pour les grandes.

Le moyen le plus satisfaisant et peut-être le plus simple pour les grandes bobines est d'enrouler le secondaire dans des bobines séparées, faites d'une manière similaire à celle utilisée dans les bobines d'enroulement pour le galvanomètre à réflexion Thompson. Cette méthode, décrite pour la première fois par MFC Alsop dans son traité sur les «bobines d'induction», est en quelque sorte la suivante:

Un appareil spécial (fig. 7 et 8) est nécessaire, mais ne présente pas de grandes difficultés de fabrication. Un disque métallique, D, un sixième de pouce d'épaisseur et de 7 pouces de diamètre, est monté sur l'arbre S. Un deuxième disque est pourvu d'un collier et d'une vis de réglage, A, afin qu'il puisse être ajusté sur l'arbre à n'importe quelle distance souhaitée de celui stationnaire. Quand le diamètre de la bobine à enrouler a été décidé sur, un collier en bois, W, avec une surface biseautée est glissé sur l'arbre, il correspond en diamètre avec le diamètre désiré du trou passant par le centre de la bobine secondaire. Comme ces bobines vont être réalisées sous forme d'anneaux plats et enfilées sur le tube isolant, une remarque s'impose ici sur ce diamètre. La référence à la Fig.9 montrera qu'il est prévu que les bobines près des extrémités de la bobine s'adaptent très lâchement sur le tube T (Fig.1) - en fait, il doit y avoir un jeu de éventuellement un demi-pouce à l'extrême fin, diminuant progressivement à un quinzième de pouce dans les bobines centrales. Il devient donc nécessaire de prévoir un nombre d'anneaux en bois égal au diamètre souhaité du trou central de la bobine. L'épaisseur du bois déterminant la largeur de la bobine individuelle dépend du choix de l'opérateur; mais la règle peut être établie que plus les bobines sont étroites, meilleure sera l'isolation de la bobine complète à la fin.

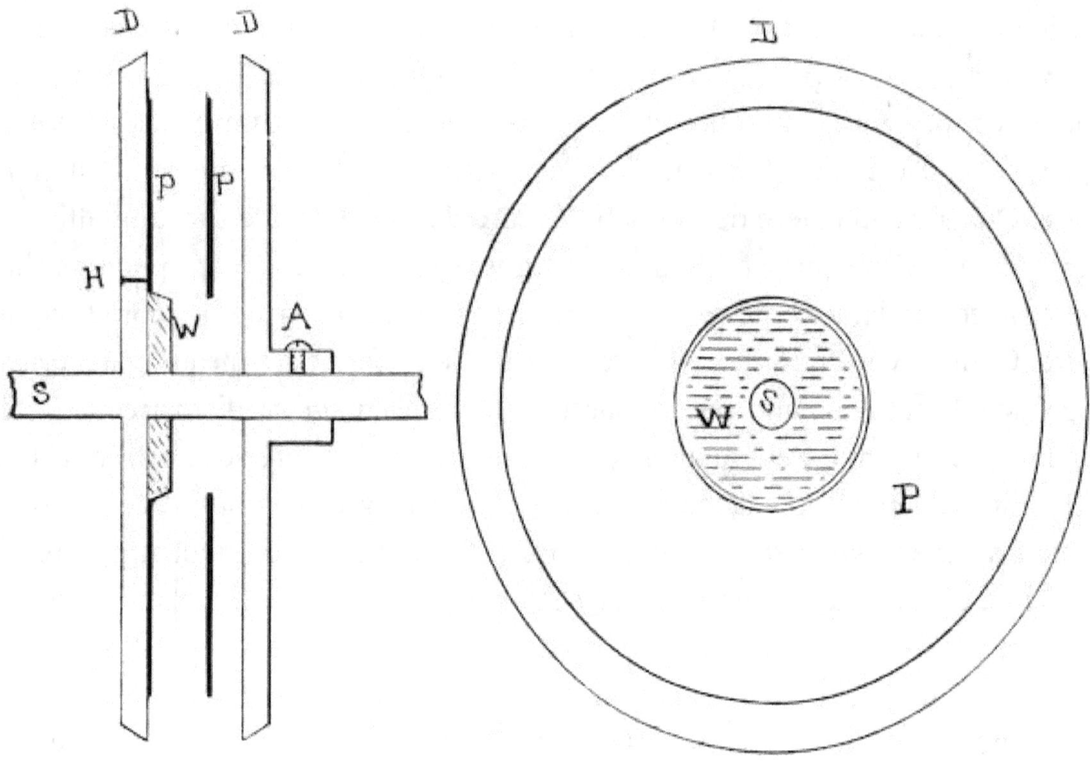

FIG. 7. FIG. 8.

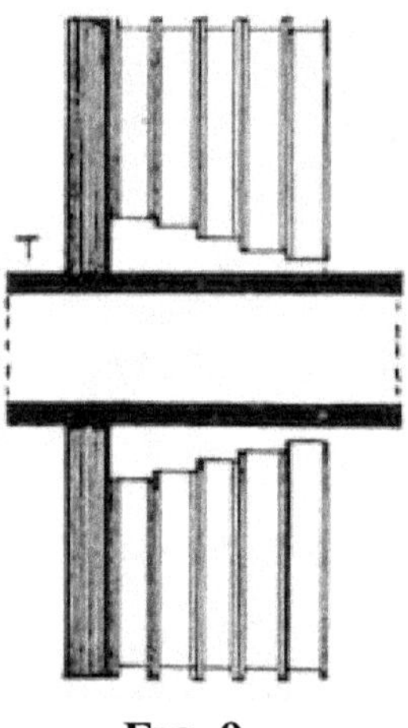

FIG. 9.

Un seizième de pouce est une moyenne très juste, et a été généralement adoptée par l'écrivain.

Une certaine quantité d'anneaux en papier est maintenant découpée dans du papier à lettres robuste qui a été trempé dans de la paraffine fondue. Si un bloc ou un bloc de papier à lettres est trempé dans de la paraffine et laissé refroidir sous pression, l'anneau peut être rayé sur sa surface et le bloc coupé sur une scie sauteuse. Les ouvertures centrales varieront bien entendu en taille avec leur position sur le tube T (Fig. 9).

L'enrouleur de bobine est maintenant soit monté dans un tour, soit fixé dans un enrouleur à aimant manuel de telle manière qu'il puisse être mis en rotation régulièrement et rapidement. Le fil à enrouler vient sur des bobines, qui peuvent être ainsi enfilées sur un morceau de tige métallique qu'ils tournent facilement. Une coupelle métallique contenant de la paraffine fondue est munie d'une tige ronde, de préférence en verre, fixée sous la surface de la paraffine, de sorte qu'elle puisse tourner librement lorsque le fil passe sous elle à travers la paraffine. Deux anneaux en papier sont glissés sur l'enrouleur pour former, pour ainsi dire, des extrémités de bobine pour la bobine, et si les disques métalliques ont été chauffés, il est facile de les poser à plat.

L'extrémité du fil est ensuite passée à travers la paraffine sous la tige de verre et à travers le trou H dans le disque métallique sur une distance de, par exemple, 6 pouces, et maintenue au disque à l'extérieur avec un peu de paraffine ou de cire d'abeille. Ensuite, l'enrouleur est tourné et l'espace entre les disques de papier est rempli de fil. La paraffine, étant chaude, va adhérer au fil et, en se refroidissant au fur et à mesure que le fil se pose sur l'enrouleur, maintiendra les spires ensemble et en même temps les isolera les unes des autres. Il ne sera pas possible de poser le fil en couches uniformes, car il serait nécessaire pour enrouler une bobine plus large, mais les espaces peuvent être comblés, en veillant à ce qu'aucune irrégularité radicale ne se produise, c'est-à-dire que seules les couches adjacentes sont susceptibles de se mélanger.

Lorsque l'espace est rempli jusqu'au niveau des disques de papier et que la paraffine est dure, desserrez la vis de réglage et retirez le disque extérieur, la bobine peut glisser ou un léger réchauffement la desserrera. N'importe quel nombre de ces bobines peut être fabriqué, et il y a les avantages dans ce mode de construction qu'une mauvaise bobine ne gâchera pas tout le secondaire, et que le fil peut être obtenu en quantités comparativement faibles.

Comme chaque bobine ne sera pas de très haute résistance, la continuité du fil peut être facilement testée au moyen de quelques cellules de batterie, reliant une extrémité de la bobine à un pôle de la batterie, et l'autre pôle de la batterie et l'extrémité de la bobine a touché la langue. Si une sensation de brûlure est ressentie, la connexion n'est pas interrompue. Dans la mesure du possible, les bobines doivent être mesurées quant à leur résistance sur un pont de Wheatstone.

Lorsque le nombre requis de bobines a été préparé, elles sont assemblées de la manière suivante (Fig.9): Les bobines, ayant leur diamètre d'ouverture gradué, sont placées dans l'ordre, et en commençant par celle qui a le plus grand trou, il est glissé sur le tube de protection primaire T, une extrémité étant amenée à travers un trou dans l'extrémité de bobine percé verticalement ou entre l'extrémité de bobine et la bobine. Deux anneaux de papier sont ensuite glissés sur le tube, et une autre bobine placée sur eux, ayant ses extrémités connectées comme sur la figure 3. Ce processus se poursuit jusqu'à ce que toutes les bobines soient en place. L'espace annulaire entre les bobines et le tube T(Fig. 9) est remplie de paraffine fondue et les bobines sont doucement pressées ensemble, de manière à former une masse compacte, la paraffine étant versée sur l'extérieur de l'ensemble de la combinaison. Avant d'enrouler tout fil utilisé dans ce travail, il doit être parfaitement sec, ce qui peut être accompli en soumettant toute la bobine à une courte période de cuisson dans un four modérément chaud.

Le tableau ci-joint donne la longueur du fil recouvert de soie n ° 36 qui remplira un espace linéaire égal à une épaisseur du fil en anneaux de différentes tailles. Cette taille de fil enroulé serré donnera 125 tours par pouce linéaire. Par conséquent, sur une bague ayant une ouverture médiane de 1½ pouce et un diamètre extérieur de 4 pouces, il y aura 156 tours, soit une longueur totale de 1347 pouces. Ceci est obtenu comme suit: 1½ pouces × 3,1416 = 4,7124 (ou 4,712); 4 pouces × 3,1416 = 12,5664 (ou 12,56); (4,712 + 12,56) / 2 = circonférence moyenne, c'est-à-dire 8,635 pouces.

Cette moyenne × nombre de spires d'épaisseur de l'anneau entre les deux circonférences, c'est-à-dire 156 = 1347 pouces.

TABLEAU DES ENROULEMENTS SECONDAIRES.

FIL RECOUVERT DE SOIE N° 36. 125 TOURS PAR POUCE LINEAIRE. 13306 PIEDS PAR LIVRE	**Diamètre d'ouverture de 1½ ", circonférence d'ouverture de 4,712".**			**Diamètre d'ouverture de 2 ", circonférence d'ouverture de 6,283 ".**			**Diamètre d'ouverture de 2½ ", circonférence d'ouverture de 7,854".**		
Diamètre extérieur	4 pouces	5 pouces	6 pouces	4 pouces	5 pouces	6 pouces	5 pouces	6 pouces	sept"
Circonférence extérieure	12,56	15,70	18,84	12,56	15,70	18,84	15,70	18,84	21,99
Circonférence moyenne	8,635	10.20	11,78	9,421	10,99	12,56	11,78	13,35	14,92
Tourne entre les circonférences	156	219	282	125	188	250	156	219	282
Distance entre l'ouverture et l'extérieur, en pouces	1,25	1,75	2,25	1	1,50	2	1,25	1,75	2,25
Longueur du fil, en pouces	1347	2234	2650	1178	2066	3140	1838	2924	4207

Pour obtenir la longueur de fil nécessaire à une bague occupant plus que l'espace d'un tour sur le tube isolant primaire, multipliez la longueur avant obtenue par le nombre de tours dans l'espace qu'elle occupe. Ainsi, un anneau plat d'un dixième de pouce d'épaisseur équivaudrait à 1347 pouces × 12,5.

Cette règle n'est nécessairement qu'approximative, du fait de la manière dont les fils s'emboîtent les uns sur les autres à partir de leur section cylindrique. En pratique, lorsque le fil passe à travers le bain de paraffine, pas plus de 50% du fil calculé n'occupera l'espace. Et l'épaisseur des anneaux de papier doit également être ajoutée lors de la détermination de la longueur totale de la bobine. Dans les transformateurs blindés ou les bobines d'induction de rendement le plus élevé utilisés dans le système d'éclairage électrique à courant alternatif, la règle de détermination des enroulements des bobines est basée sur le rapport des spires de fil dans le primaire aux spires dans le secondaire, la force électromotrice dans le primaire et les lignes de force coupées par les enroulements.

Les extrémités secondaires peuvent être attachées à des bornes de reliure montées sur les extrémités de bobine. À moins que ces extrémités de bobine ne soient très hautes et dégagent considérablement l'extérieur de la bobine, il est préférable de monter les bornes de fixation sur le dessus des piliers en caoutchouc dur. Un plan soigné est de monter sur le dessus de la bobine une plaque de caoutchouc dur allant de l'extrémité de la bobine à l'extrémité de la bobine, et de placer les bornes de liaison dessus.

Un déchargeur se compose de deux tiges métalliques coulissantes avec des poignées isolées passant à travers des piliers fixés à la bobine secondaire. Les extrémités intérieures de ces tiges sont pourvues de filets de vis pour la fixation facile des billes, pointes, etc., qui doivent être utilisées. La substance sur laquelle agir est posée sur une table en caoutchouc ou en verre à mi-chemin entre les piliers de tige et légèrement en dessous du niveau des tiges.

En articulant les piliers de tige, ou en utilisant une rotule, le déchargeur peut être incliné de manière à être mieux rapproché de la substance sur la table.

La prochaine partie importante de la bobine est le disjoncteur.

L'armature R est une pièce de fer doux portée au bout d'un ressort rigide, au milieu environ duquel, en B, est riveté un petit disque ou goujon de platine. La vis de réglage *A* a sa pointe également garnie d'une pièce de platine, qui est destinée à toucher la platine sur le ressort lorsque celui-ci est dans sa position normale. Le noyau *C* de la bobine sert d'électro-aimant. Lorsque le courant sort de la batterie (représenté par le chiffre en *L*) à travers la bobine primaire et le ressort de l'armature jusqu'à la vis de réglage, il entraîne le tirage de l'armature vers le noyau magnétisé, mais éloigne ainsi le disque de platine de la vis de réglage. Ce faisant, il coupe le circuit, l'aimant perd sa puissance, et l'élasticité du ressort qui se réaffirme ramène l'armature, refermant ainsi le circuit. Ceci est répété plusieurs fois en une seconde, le résultat étant une vibration continue du ressort, et une interruption consécutive du courant.

Le condenseur ou bocal Leyde *J*, connecté comme dans le schéma à la base du ressort vibrant en *K* et au fil de vis de réglage *M*, est construit comme suit: Sur une feuille de papier isolant est posée une plus petite feuille de papier d'aluminium, dont un bord dépasse d'un pouce ou plus sur une extrémité du papier. Une autre feuille de papier qui la recouvre porte une deuxième feuille de papier d'aluminium dont une extrémité fait saillie comme dans la première feuille, mais à l'extrémité opposée du papier. Du papier d'aluminium et des feuilles de papier sont posés de cette manière en alternance jusqu'à ce qu'un nombre suffisant soit atteint. Les extrémités saillantes sont ensuite serrées ensemble et la pile entière est immergée dans de la paraffine fondue, comme cela sera décrit dans un chapitre suivant. Des fils sont fixés à ces extrémités serrées qui servent à connecter le condensateur avec le disjoncteur. Le signe conventionnel d'un condenseur est celui utilisé en *J*, montrant les deux séries de plaques, l'isolant ou diélectrique, comme on l'appelle, étant entendu.

La taille du condensateur à utiliser avec des bobines de différentes tailles varie en fonction de l'enroulement du primaire et de la batterie utilisée. Une bobine primaire de quelques tours ne nécessiterait pas un condensateur aussi grand que l'un d'un grand nombre de tours. Dans le même temps, un condenseur peut être de trop grande capacité, et ainsi affaiblir l'action du serpentin.

La base sur laquelle la bobine et ses pièces sont montées peut être en bois poli séché. Mais lorsque la bobine est conçue pour produire de grosses étincelles - plus de 2 pouces -, il est avantageux d'utiliser du caoutchouc dur d'un quart de pouce et plus d'épaisseur. Le verre, sans la difficulté de le percer et sa fragilité, serait un matériau souhaitable pour une base de bobine dans une atmosphère sèche. La fibre dure rouge ou noire enduite de vernis shellac est également utilisable et, de plus, est extrêmement facile à travailler. L'ardoise ne doit jamais être utilisée; il y a trop de risques de présence de veines de fer, qui les expériences de tension comme cela sera décrit nuiraient gravement à l'utilité de l'appareil. Le matériau choisi pour la base doit être celui qui n'absorbera pas l'humidité. Une surface paraffinée recueille l'humidité jusqu'à un certain point en gouttes isolées, tandis qu'un verre et même une surface en caoutchouc dur condense l'humidité sous forme d'un film, ce qui est extrêmement indésirable. Mais malheureusement, le fait qu'une surface paraffinée ne présente pas une apparence agréable entraînerait probablement son rejet. Et enfin, en montant la bobine sur des blocs de caoutchouc dur, ou en allongeant les extrémités de bobine pour soulever le corps de bobine, une isolation élevée peut être obtenue au prix peut-être de l'apparence ou de la hauteur. Du soin apporté à isoler la bobine secondaire, il peut être considéré comme une précaution superflue de choisir si soigneusement une base, Il peut être bon de noter ici que le caoutchouc dur est soumis à l'action de l'ozone, et est ainsi dégradé en tant qu'isolant.

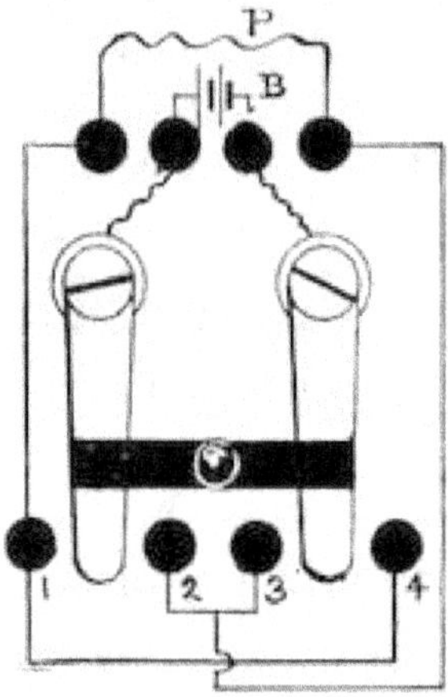

FIG. 10.

La base forme le dessus d'une boîte plate dans laquelle se trouve le condenseur; mais il y a quelques points à considérer ici. Comme les connexions de la batterie seront probablement sous la base, un espace suffisant doit intervenir entre la base et le haut du condenseur. C'est un bon plan de poser le condenseur à au moins un demi-pouce au-dessous du haut de cette boîte et de le remplir jusqu'à, disons, un huitième de pouce de paraffine fondue, laissant les fils du condenseur en saillie pour la fixation. Les connexions de la bobine primaire et du disjoncteur de contact doivent par tous les moyens être soudées, pas simplement des fils maintenus sous des écrous à vis. Et, de plus, tous les fils sous la base doivent etre tellement courus qu'ils ne se croisent pas, ce qui ne demande qu'un peu de planification. Ensuite, lorsque les connexions sont toutes faites et que la base est posée sur le dessus de la boîte, elle peut être enfoncée si la paraffine est chaude, de sorte que les têtes de vis et les fils marquent leurs propres canaux et cavités dans lesquels se trouver.

Un commutateur ou un commutateur de changement de pôle est souvent ajouté pour changer la polarité du courant de la batterie. Le schéma de connexion est illustré à la Fig. 10. Lorsque les leviers sont comme sur la figure, le circuit est coupé et aucun courant ne circule dans la bobine.

BOBINES EN SERIE.

Les bobines Ruhmkorff peuvent être connectées en série, mais cela n'est pas recommandé. Lorsque cela devient nécessaire, cependant, les noyaux doivent être retirés et un long noyau inséré, s'étendant à travers chaque primaire. Cela rapprochera les constantes de temps de chaque bobine primaire et évitera les interférences sinon présent. Les bobines primaires et secondaires sont connectées en série en supposant qu'elles ne sont que des sections adjacentes d'un instrument complet. Bien entendu, à mesure que la résistance du primaire augmente, la force électromotrice de la batterie doit également être augmentée.

BOBINE IMMERGEE DANS L'HUILE.

Une bobine d'induction très satisfaisante peut être fabriquée sans beaucoup de travail et peu d'outils, et se révélera utile dans de nombreuses expériences qui ne justifieraient pas un instrument plus coûteux.

Faites un paquet de fils de fer doux, n ° 22 BWG, pour le noyau, dix pouces de longueur et un pouce ou plus de diamètre. Enveloppez-le avec du ruban isolant ou même du ruban ordinaire pour empêcher la bobine principale d'entrer en contact avec le fer. Maintenant, enroulez sur une primaire de deux couches de fil de cuivre recouvert de coton de calibre 14 B & S et insérez la bobine dans un caoutchouc dur (ou du verre de préférence) tube assez grand pour maintenir la bobine serrée et faire saillie d'un pouce environ au-delà des extrémités du noyau.

Une bobine secondaire d'environ une livre de fil d'aimant recouvert de coton n ° 36 doit maintenant être fabriquée sur une bobine en caoutchouc dur, le trou passant au centre de cette bobine doit être d'au moins un pouce plus grand en diamètre que le diamètre du couvercle principal. Cette bobine ne doit pas dépasser quatre pouces de longueur, et doit être glissée sur la bobine primaire et maintenue suspendue par des blocs de bois de manière à ne pas toucher la bobine primaire ou le couvercle. L'ensemble est maintenant immergé dans un récipient en terre cuite ou en verre rempli d'huile de lin ou de paraffine lourde. Le disjoncteur et le condenseur seront montés indépendamment; le condenseur de la bobine d'allumage de deux pouces conviendra (voir le tableau à la page — 7).

BOBINE "TESLA".

La bobine qui vient d'être décrite, sans disjoncteur ni noyau de fer, peut être connectée et utilisé à la place d'une «bobine Tesla», à laquelle il ressemble. Les bobines utilisées par Nikola Tesla sont si nombreuses et variées qu'il devient difficile de décrire un mode de construction qui répondra aux besoins de ceux qui demandent des bobines "Tesla". L' *électricien américain* donne une description de celui dans lequel un pot de batterie en verre, 6 pouces x 8 pouces, est enroulé avec 60 à 80 tours de fil magnétique N ° 18 B&S. Dans celui-ci est glissé un primaire, composé de 8 à 10 tours de fil N ° 6 B & S, et l'ensemble de la combinaison immergé dans un récipient contenant des graines de lin ou de l'huile minérale.

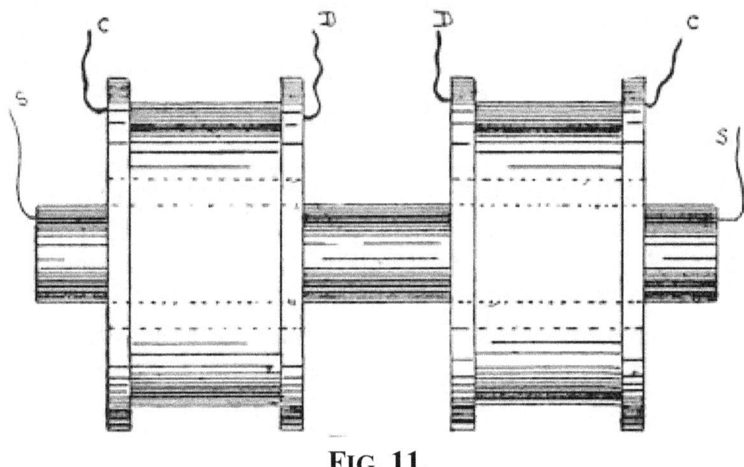

FIG. 11.

BOBINE DISRUPTIVE "TESLA".

Pour la figure 11, la spécification est la suivante: Secondaire, 300 tours de fil d'aimant recouvert de soie n ° 30 B & S, enroulé sur un tube ou une tige en caoutchouc, et les extrémités enveloppées dans des tubes en verre ou en caoutchouc. Celui-ci est inséré *dans* le primaire, qui se compose de deux bobines, chacune de 20 tours de fil recouvert de caoutchouc n ° 16 B & S, enroulées séparément sur un long tube en caoutchouc d'au moins ⅛ de pouce d'épaisseur. Le dernier tube doit être suffisamment grand pour être très lâche lorsque la bobine secondaire y est insérée, et il doit faire saillie d'au moins deux pouces sur chaque extrémité du secondaire. Une division en caoutchouc dur doit être placée entre ces bobines primaires. Les quatre extrémités de ces dernières bobines sont connectées *CC* à deux condenseurs et *DD* à deux billes de décharge, les fils secondaires allant à l'appareil d'exposition. Une description plus détaillée de ces connexions se trouve au chapitre XII ., Également des notes sur l'utilisation de la bobine disruptive.

Bobines pour moteurs à gaz.

Ceux-ci sont soit primaires uniquement, soit primaires et secondaires. Deux à trois livres de fil magnétique n ° 14 B & S sont enroulées sur un noyau de fil de fer de huit à dix pouces de longueur sur un pouce de diamètre. Le contact est établi et rompu dans l'allumeur du moteur comme au ressort d'essuyage d'un brûleur à gaz à cliquet. Quatre à huit grandes cellules de batterie sèche sont utilisées, ou huit cellules Edison-Lalande - de type fer à repasser. Le nombre de cellules varie avec la taille de la bobine nécessaire, certaines classes de moteurs nécessitent une étincelle plus lourde que d'autres pour enflammer la vapeur.

Lorsqu'un primaire et un secondaire sont utilisés, le primaire doit être constitué de deux ou trois couches de fil magnétique N ° 14 B & S, et un secondaire d'un fil magnétique N ° 34 B & S d'une livre. Il peut y avoir un disjoncteur de contact indépendant ou la bobine peut être constituée de la même manière qu'une bobine de Ruhmkorff à étincelle d'un demi-pouce (voir chapitre I.).

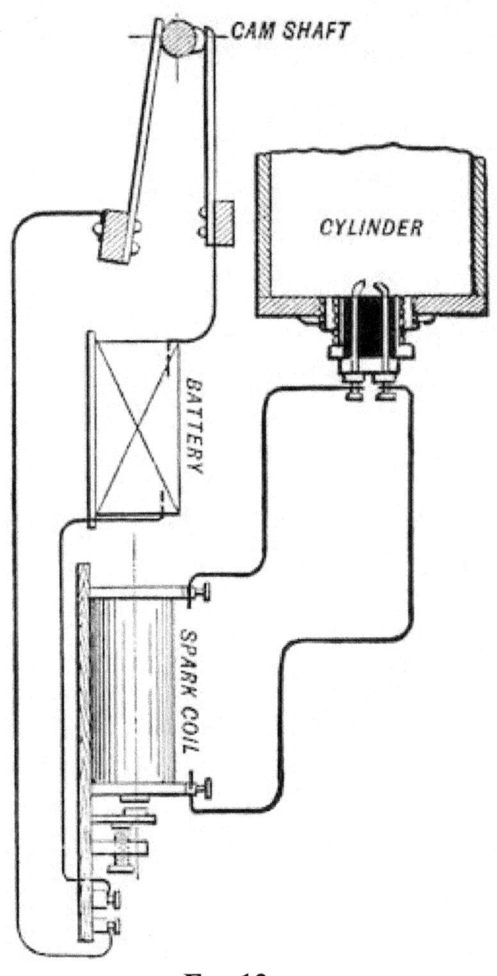

FIG.12.

Le procédé de connexion d'une bobine de la dernière description est montré sur la figure 12, qui est explicite. Il montre une forme de commutateur d'arbre à cames qui est actionné par le moteur, et qui ouvre et ferme le circuit primaire de la bobine d'induction, les étincelles de l'enroulement secondaire passant entre les points de l'allumeur dans le cylindre du moteur. Comme le montre la figure 12, l'allumeur ou la bougie d'allumage a un fonctionnement similaire à un déchargeur de bobine, les deux bornes étant cependant isolées l'une de l'autre par l'utilisation de porcelaine. Assurer une bonne isolation dans les conditions de travail difficiles a été en quelque sorte une tâche, mais il semble avoir été atteint dans les types d'allumeurs connus sous le nom de Splitdorf et de Roche ou New Standard.

La bobine du moteur à gaz Splitdorf est le résultat de nombreuses expériences et d'une conception soignée. Il est conçu pour résister à un usage intensif et l'isolation utilisée n'a été adoptée qu'après un test exhaustif. Dans les travaux automobiles, où une forte pression est exercée sur le moteur, comme dans la montée de pentes lourdes, il a été constaté qu'une étincelle plus forte donne des résultats plus sûrs. Cela indiquerait plus de courant de batterie à travers la bobine, et c'est une sage précaution d'avoir quelques cellules supplémentaires attachées qui peuvent être allumé si nécessaire.

Lors de la construction de bobines d'allumage pour moteurs à gaz, une attention particulière doit être accordée au disjoncteur de contact. Dans la plupart des types de moteurs à gaz ou à vapeur d'huile, il est absolument nécessaire de faire passer l'étincelle avec une régularité uniforme, et immédiatement et sûrement lorsque cela est nécessaire. Pour les automobiles ou lorsque l'appareil est soumis à un bocal, une armature vibrante en fer lourd deviendrait peu fiable en raison de son inertie et de sa réponse aux chocs. À chaque secousse du véhicule, il saccaderait et deviendrait hors du rythme, et il semble certainement préférable d'utiliser un appareil de contact mécanique chaque fois que cela est possible. Dans l'ancien type de moteur à gaz, l'étincelle est produite par un contact de rupture de mécanisme directement dans la vapeur. La disposition réelle de ces dispositifs est détaillée et illustrée dans les travaux ultérieurs sur les moteurs à gaz et à huile.

BOBINES DE RESISTANCE.

Bien qu'étranger au titre de ce livre, ces bobines seront mentionnées, étant souvent nécessaires comme accessoires au fonctionnement des bobines, de la télégraphie sans fil, etc. Ce sont des bobines de fil d'argent allemand isolé, enroulées à une résistance spécifiée. La caractéristique principale de ceux conçus pour les tests est qu'ils sont enroulés de manière non inductive, c'est-à-dire que le fil est enroulé en double de telle manière que le courant circule dans les deux sens autour des spires, et neutralise ainsi l'action inductive. Dans les cas où un courant de dynamo doit être utilisé, comme dans les télégraphes fonctionnant à partir de courant de dynamo, les bobines sont enroulées sur des tubes en étain pour les rendre ignifuges tout en rayonnant la chaleur. La résistance de l'argent allemand étant très variable, seuls des chiffres approximatifs peuvent être donnés. Le tableau (page 64) a été constituée à partir des meilleures moyennes disponibles. La capacité de charge des bobines de résistance varie avec leur construction, mieux elles peuvent rayonner de la chaleur, plus il y a de courant ils peuvent transporter en toute sécurité.

REMARQUES GENERALES SUR LES BOBINES, ETC.

Les bobines d'induction de Ruhmkorff doivent toujours être équipées d'un interrupteur pour ouvrir, fermer ou inverser le circuit d'alimentation, un interrupteur à couteau double, bipolaire, monté sur une base en porcelaine séparée, est très approprié. Un tel interrupteur est ouvert lorsque la poignée est verticale, et il doit toujours être laissé ainsi lors du changement de connexions, de la fixation de la batterie, etc. Une grande bobine bien finie aura les fils secondaires amenés dans des tubes en caoutchouc aux bornes de liaison montées sur du caoutchouc dur piliers, ou à des postes de reliure montés considérablement au-dessus du niveau du couvercle de la bobine. Un mode très soigné est montré dans le frontispice sur la grande bobine d'allumage de 45 pouces. Ici, les fils secondaires vont aux piliers en caoutchouc dur, qui portent également des déchargeurs de tige réglables. Ces tiges peuvent se rapprocher ou s'éloigner l'une de l'autre au moyen de la grande poignée en caoutchouc dur à laquelle elles sont reliées par un simple système de leviers. Dans cette bobine le secondaire est moulé sur un tube flexible, qui s'adapte de manière lâche sur le tube primaire afin de compenser les changements de température et les dilatations et contractions qui en résultent. Toutes les bobines bien conçues doivent être disposées de telle sorte que la bobine primaire et le noyau puissent être facilement retirés du secondaire, ou *vice versa* . Il est parfois souhaitable d'utiliser un primaire différent. Cette disposition facilitera grandement les réparations nécessaires. Il faut toujours se rappeler que le fonctionnement d'une bobine dépend de l'isolation entre le primaire et le secondaire. *N'épargnez aucun effort pour avoir une isolation parfaite*; c'est une tâche désespérée de réisoler un secondaire en panne, bien que la méthode d'enroulement par section facilite les réparations. Dans les grandes salles d'enroulement, il est courant d'avoir un compte-tours connecté à la broche, de sorte que le nombre de tours soit visible à tout moment. Un cyclomètre à bicyclette peut être facilement installé à cette fin, et sera trouvé d'une aide considérable où un certain nombre de sections sont nécessaires, chacune avec un nombre similaire de tours. Dans la construction commerciale de bobines téléphoniques et bobines magnétiques, il est souvent de règle de ne spécifier que le nombre de spires du fil de taille requise, les ampères tours des bobines étant ainsi réglés.

LE TEST D'UNE BOBINE POUR LA POLARITE.

Cela est souvent nécessaire et peut se faire de différentes manières. Lorsque la bobine fonctionne et que des étincelles passent entre les fils fins montés sur le déchargeur, la pointe du fil positif sera froide, tandis que l'extrémité négative sera assez chaude. Sous vide, le positif montre un rouge pourpre lorsque le négatif brille avec un violet bleuâtre. La décomposition de l'eau, qui se compose d'oxygène et d'hydrogène dans la formule H_2O, est facilement accomplie par le courant secondaire, et le plus grand volume de gaz (hydrogène) se dégagera au *pôle négatif* . Pour référence, un résumé de ces faits est donné au dessous de:

Positif	Négatif
Positif	**Négatif**
Fil froid,	Fil chaud,

Anode,	Cathode,
+ signe,	- signe,
Rouge-violet,	Violet bleuâtre,
Plaque de zinc,	Plaque de carbone,
(Carbone) pôle,	Poteau en zinc,
Gaz oxygène.	Gaz hydrogène.

Bien qu'il soit d'usage d'utiliser des faisceaux de fil de fer fin et doux pour les noyaux de bobine, de très excellents résultats ont été obtenus avec des noyaux constitués de limaille de fer doux. Ces limailles doivent être étroitement emballées dans le tube central et avoir une tête en fer doux à l'extrémité du disjoncteur. Les dépôts se démagnétisent très rapidement et empêchent la formation de courants de Foucault destructeurs, dont il a été question précédemment (chapitre I.).

La pratique moderne tend vers un allongement du noyau et du primaire, dans certains cas, 20% de la longueur du noyau dépasse de chaque extrémité de la bobine. Un résultat doit être comme dans les électroaimants, plus le noyau est long, plus il faut de temps pour magnétiser ou démagnetiser. Mais même ici, c'est une question de construction individuelle.

La pratique courante consiste à faire en sorte que les bobines soient en position horizontale; il n'y a aucune raison pour laquelle on ne peut pas les faire tenir debout. En fait, cette position enlève dans une certaine mesure une partie de la pression sur le primaire. C'est surtout une question de choix ou de commodité.

Quant à la sortie possible d'une bobine d'induction, elle dépend de la conception et de la construction; mais SP Thompson donne la loi suivante dans ses travaux sur l'électricité et le magnétisme: La force électromotrice générée dans le circuit secondaire est à celle employée dans le primaire à peu près dans la même proportion que les tours relatifs des deux bobines. [1]

[1]Nous n'essayons pas de concilier cette citation avec les énormes estimations du potentiel d'étincelle.

Lors du choix d'une bobine de Ruhmkorff, il faut se rappeler que la cote en longueur d'étincelle est sujette à caution. En supposant que deux bobines similaires fonctionnent, l'une avec un vibrateur rapide et l'autre avec un vibrateur lent, toutes choses étant égales par ailleurs, le vibrateur lent donnera la plus grande longueur d'étincelle. Encore, l'apparence de l'étincelle est d'une grande importance. Bien que deux bobines puissent produire des étincelles sur la même longueur d'entrefer, celle donnant la succession continue d'étincelles la plus blanche et la plus épaisse est la meilleure. La figure 13 montre une reproduction à partir d'une photographie d'une étincelle de 32 pouces de long, générée par la bobine représentée sur le frontispice.

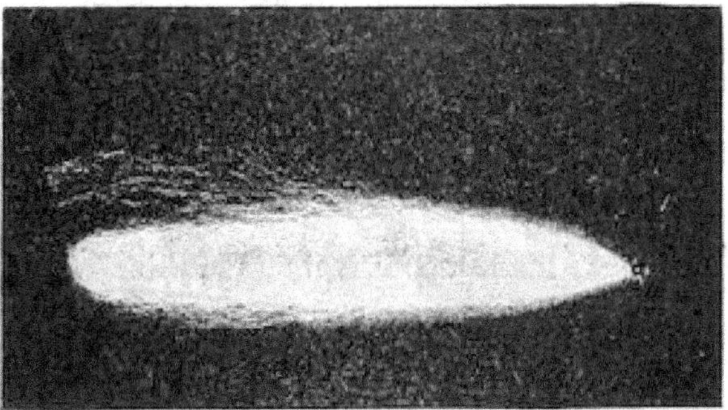

FIG. 13.

Il est facile de prendre une bobine, et en enclenchant les contacts du vibrateur ensemble plusieurs fois, une étincelle de caractère bleuâtre mince sautera à travers un espace, d'une longueur dépassant largement l'éclateur lorsque le vibrateur fonctionne à vitesse normale. Mais cette étincelle ne passe qu'à intervalles irréguliers, prenant apparemment de la force pour son saut forcé. Il ne doit pas être pris en compte dans l'évaluation de la bobine.

Dans les bobines primaires d'enroulement, il est proposé de réduire l'auto-induction ou l'inductance de ses bobines adjacentes au moyen de méthodes similaires utilisées dans les électroaimants d'enroulement. L'enroulement primaire, au lieu d'être composé d'un certain nombre de spires d'un gros fil, est constitué d'un enroulement multiple de petits fils, agrégeant la conductivité du gros fil. Cela réduit matériellement les étincelles au niveau du disjoncteur de contact, et permet certainement une assise plus étroite du fil plus près du noyau, donnant également un plus grand pourcentage d'ampères de tours. Un autre schéma qui utilise le disjoncteur de contact Dessauer fournit deux enroulements primaires séparés, s'ouvrant l'un lorsque l'autre se ferme. De tels schémas entrent bien dans le cadre de l'expérimentateur, et il est fort possible que de précieuses améliorations seront apportées à la conception des bobines au cours des prochaines années.

NE PAS TRAVAILLER.

Voici les causes les plus courantes des bobines qui ne fonctionnent pas à leur meilleure limite: Les contacts du disjoncteur de contact sont sales, brûlés, coincés, trop petits, pas en bonne relation parallèle face à face du platine.

Les fils secondaires croisés à l'extérieur de la bobine, il arrive souvent que le secondaire émette doucement des étincelles dans ou à travers un objet le touchant, en particulier lorsque de longues connexions de fils sont acheminées du secondaire au lieu de l'étincelle souhaitée.

Condenseur trop petit, grillé, mal isolé (voir autres pages à ce sujet).

Batterie trop petite - résistance interne trop élevée ou fils menant de la batterie à la bobine trop petits - pour un travail de bobine ordinaire, distance de, peut-être, dix pieds, utilisez un cordon de lampe flexible n ° 10 à 12 B & S ou un fil solide. Les bobines de Ruhmkorff nécessitent beaucoup de courant pour produire de grandes étincelles.

DIMENSIONS POUR DIFFERENTES LONGUEURS D'ALLUMAGE.					
	½ pouce	1 pouce	5 centimètres	6 pouces	12 pouces
Feuilles d'aluminium	5½ × 4	6 × 4	6 × 6	10 × 5	12 × 8
Nombre	40	40	60	60	60
Feuilles de papier	6½ × 5	9 × 5	8½ × 7	12 × 7	14 × 10
Nombre	60	60	80	80	80

Longueur du noyau	5	sept	9	12	19
Diamètre du noyau	⅝	¾	1"	1⅛	1½
Taille primaire B & S	16	14	14	12	dix
Taille secondaire B & S.	36	36	36	36	38
Taille de fil de noyau BW G.	22	22	22	22	22
Quantité en livres de fil secondaire	¾	1¼	2½	sept	12
Couches de primaire	3	3	2	2	2
Superficie du papier, po2	2 000	2 700	4 800	6 600	11 000
Superficie de la feuille, po2	880	960	2 100	3 000	5 760

Comme il n'est pas toujours pratique de se procurer du papier et une feuille dans des tailles définies, la surface de matériau nécessaire pour les condenseurs est également indiquée. Le tableau ci-dessus est approximatif. Il représente des données collectées à partir des meilleures pratiques modernes. Le calibre ci-dessus donné pour le fil de cuivre est celui de Brown & Sharpe, et est utilisé tout au long de ces pages.

BOBINES MEDICALES.

Le principal point de différence entre les bobines d'électrothérapie et les bobines de Ruhmkorff est que les premières sont dépourvues de condenseurs, sont rarement isolées à un degré élevé et sont conçues pour la régulation de l'intensité du courant. Les modes de régulation sont nombreux, brièvement les principaux sont: (*a*) Dans les bobines avec disjoncteurs indépendants, faire glisser le noyau et la bobine primaire hors du secondaire ensemble ou indépendamment. (*b*) Déplacement d'un tube métallique sur ou hors de la bobine primaire ou du noyau ou les deux. De nombreuses combinaisons de ces méthodes sont pratiquées. Des tentatives ont été faites pour réguler le courant de la batterie par rhéostat, mais ce n'est pas faisable, sauf dans les grandes tenues fixes. Les bobines médicales bon marché sont enroulées avec du fil nu, avec des couches de fil entre les spires adjacentes, ou même seulement la literie des spires de fil dans du papier paraffiné. Il ne vise pas à véhiculer l'idée que l'enroulement de bobines de fil nu est une fortune; loin de là. Cette méthode est très généralement adoptée dans le travail téléphonique. Mais il nécessite des machines spéciales et délicates, et n'est pas adapté au travail amateur, où de légères différences de coût ou de main-d'œuvre sont insignifiantes. D'autres, à des fins spécifiques, consistent uniquement en une bobine primaire. Les meilleurs et les plus complets fabriqués sont disposés de telle sorte que des bobines secondaires indépendantes de fils de différentes tailles peuvent être utilisées avec le primaire, en étant facilement enfilées ou retirées selon les besoins. Il existe un autre schéma de régulation,

BOBINE MEDICALE AVEC REGULATION DE TUBE.

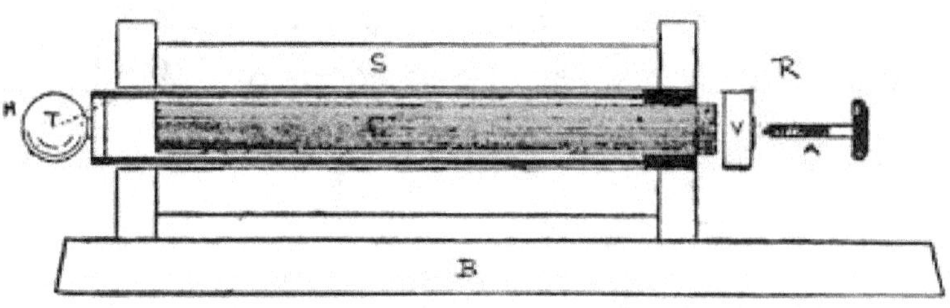

FIG. 14.

La figure 14 montre une bobine avec un mode de régulation à tube. Le noyau C est constitué d'un morceau de tube de fer, très fin, de 4 pouces de long sur $\frac{3}{8}$ de pouce de diamètre, et rempli de fils de fer doux. Une extrémité de ce noyau est fermement fixée dans la tête de canette gauche. Le but du tube de fer est d'empêcher le tube coulissant de s'accrocher dans les fils de fer, sinon il peut être supprimé. Sur ce tube est glissé un tube en laiton T, se terminant par une poignée H à l'extrémité droite; cela doit fonctionner facilement sur le tube central. La bobine pour le primaire est maintenant constituée en fixant l'autre tête de bobine sur un tube en papier ou en fibre et en fixant son extrémité libre à la tête de bobine gauche, ou la bobine peut être fabriquée de la manière habituelle en collant deux extrémités de bobine sur un tube en fibre ou en papier et en fixant fermement le noyau de fer à une extrémité, laissant bien sûr de la place pour le tube en laiton à glisser à l'extrémité droite. L'enroulement primaire est composé de trois ou quatre couches de fil magnétique recouvert de coton de calibre 20 B & S, les extrémités étant sorties pour une connexion future. Au-dessus de celui-ci sont maintenant posées quelques couches de papier paraffiné, et dix ou douze couches de fil d'aimant recouvert de coton n ° 36 B & S sont enroulées pour la bobine secondaire.

Le disjoncteur *R* n'est en rien différent de la forme simple décrite au chapitre II. Sa construction est facilement visible sur la figure.

Une couche de tissu du type utilisé pour recouvrir les électroaimants est posée sur le secondaire et la bobine est prête à être fixée à la base. La base est de sept pouces de long sur trois de large, et a de petits pieds à ses quatre coins pour l'élever de la table et éviter l'abrasion des connexions en dessous.

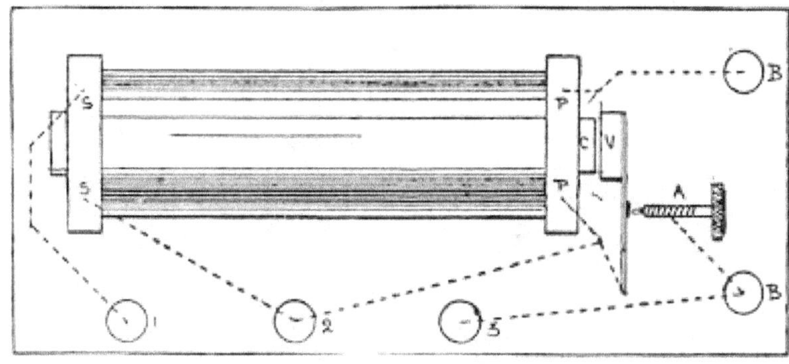

FIG. 15.

Les connexions sont telles qu'indiquées sur la figure 15. Lorsqu'elles sont en fonctionnement, les cordons d'électrode étant fixés à des bornes de liaison, les n ° 1 et 2 sont en circuit avec la bobine secondaire uniquement. Lorsqu'ils sont aux numéros 2 et 3, ils reçoivent le courant induit ou le courant supplémentaire dans le primaire, causé par la coupure du circuit de la batterie (voir page 3).

BOBINE MEDICALE AVEC SECONDAIRES INTERCHANGEABLES.

Cette forme de bobine est la seule pour les travaux médicaux pratiques, et plus d'espace sera être donné à sa construction qu'à ce qui précède, qui ne convient que pour un usage limité.

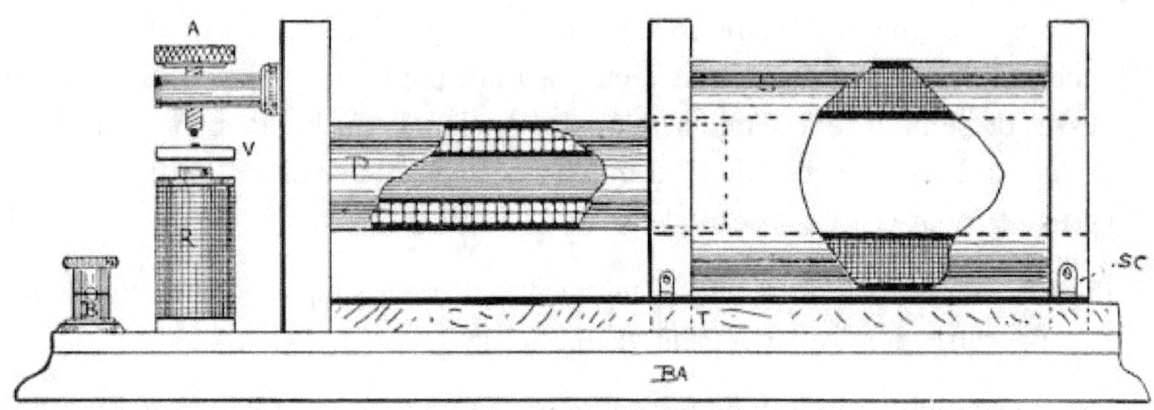

FIG. 16.

La figure 16 montre une élévation latérale de la bobine sur la base. La conception peut être très variée, elle peut également être utilisée soit pour un panneau mural, un dessus d'armoire, ou pour être transportée dans un boîtier contenant une batterie, des électrodes, etc. S est l'une des bobines secondaires, dont au moins trois devrait être fourni. Les dimensions sont, bien entendu, les mêmes - à savoir, quatre pouces de long sur 3½ pouces de large en tout. Les extrémités de bobine sont fournies avec des pièces de talon, qui glissent sous la barre de piste en laiton T. Cela centre précisément la bobine et l'empêche de se desserrer.

ENROULEMENTS POUR SECONDAIRE.

Les enroulements suivants pour bobines secondaires amovibles ou interchangeables sont les plus utilisés.

Bobine n ° 1. 4500 pieds (0,375 livre) n ° 36 B & S, environ 1800 ohms. Ceci peut être conduit en trois divisions au moyen de l'interrupteur sur la tête de bobine. Premier division, 4500 pieds; deuxième division, 3000 pieds; troisième division, 1500 pieds.

Bobine n ° 2. 2400 pieds (0,6 livre) n ° 31 B & S, environ 350 ohms, divisée en 2400 pieds, 1500 pieds et 900 pieds.

Bobine n ° 3. 750 pieds (1 livre) n ° 22 B & S en une bobine, ou deux divisions de 500 et 750 pieds, respectivement; résistance approximative du fil, 125 ohms.

Bobine N ° 4. Il peut être nécessaire d'obtenir des courants de tension extrêmement élevée, auquel cas une bobine peut être préparée de 5000 pieds N ° 38 B & S, ou N ° 40 B & S de préférence.

Plus le fil est fin, moins le courant et l'effet sédatif sont faibles; plus le fil est grossier, plus il y a de courant avec une action douloureuse accrue correspondante.

Les bobines, en fait autant de l'armature que possible, doivent être en caoutchouc dur, auquel une finition fine peut être donnée, bien que l'acajou, le bois de rose ou même le chêne teinté puissent être utilisés. De chaque côté des têtes de bobine de droite, un ressort plat en laiton est vissé, établissant le contact pour la section ondulée sur bandes de laiton vissées sur le dessus des biellettes. Ces connexions secondaires peuvent être réalisées au moyen de cordons flexibles aux bornes de liaison, mais le contact glissant est préférable. La bobine primaire P est fermement maintenue dans la tête de bobine gauche et se compose d'un noyau de fils de fer doux N ° 22 BWG, isolés et enroulés avec trois couches de fil magnétique N ° 20 B & S. L'extérieur de cette bobine est soigneusement enfermé dans un tube en caoutchouc dur pour permettre aux bobines secondaires de glisser librement dessus. Il est cependant préférable que les bobines secondaires ne touchent pas le tube primaire. Le vibreur, ou disjoncteur de contact, doit être de la forme ajustable illustrée à la Fig. 17. La vis de réglage du disjoncteur de contact peut être montée dans une patte en laiton portée par la tête de bobine.

Les connexions de cette bobine sont sensiblement les mêmes que celles de la bobine médicale décrite en premier. Cet appareil mérite bien d'être élaboré; il doit être équipé d'un vibrateur à ruban ainsi que d'un vibrateur lent à vitesse réglable, un interrupteur contrôlant Soit. Une grande variété de bobines secondaires peut être réalisée, celles en gros fil remplaçant le courant du disjoncteur. Les vibrateurs doivent fonctionner à partir d'une batterie indépendante, bien que dans la dernière bobine décrite, l'aimant puisse être enroulé avec un fil de même taille que le primaire et ensuite être en série avec lui. Les bobines secondaires peuvent être constituées d'extrémités en bois dur teinté montées sur un tube de fibre, ce dernier étant facilement disponible. Une attention particulière doit toujours être portée aux bobines et aux têtes; s'ils ne sont pas correctement fabriqués, ils peuvent se désagréger et un démêlage désastreux des fils s'ensuit.

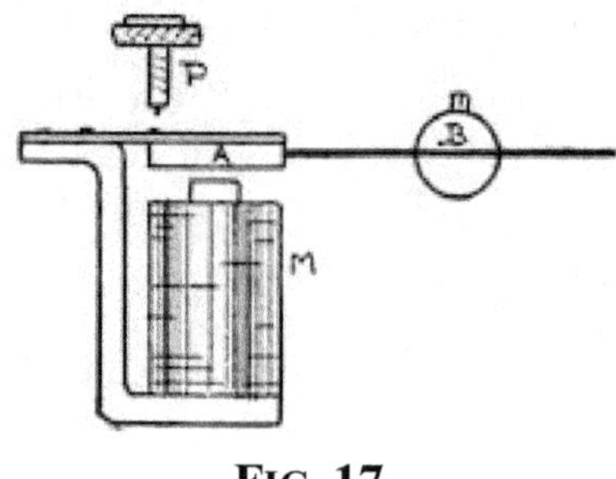

FIG. 17.

SERPENTINS DE BAIN.

Une bobine très utilisée pour les bains électriques ne possède qu'un enroulement primaire, régulé par le glissement dans et hors du noyau de fer, ce qui nécessite l'utilisation d'un vibrateur indépendant, ou bien en faisant varier l'intensité du courant avec un rhéostat. Les indications générales données précédemment répondront dans le cas présent, les seules données nécessaires étant la taille du fil, qui devrait être d'environ six à dix couches de n ° 20 B&S. La bobine à secondaires mobiles entre ici en service. Des courants forts sont nécessaires pour le travail du bain, et toute variété d'enroulement peut être utilisée avec cette marque de bobine. Il y a tant de descriptions de bain et de petites bobines médicales dans les revues électriques publiées pour les travailleurs amateurs, qu'il n'est guère nécessaire ici de donner plus qu'une mention des principales.

CONSEILS D'ENTRETIEN DES BOBINES MEDICALES.

Quelques remarques sur les bobines médicales et leurs maladies ne sont peut-être pas anormales; souvent un très petit défaut, s'il est corrigé à temps, empêchera des réparations coûteuses.

Le principal soin apporté aux appareils électromédicaux est la batterie (voir le chapitre X. pour une description des batteries à bobine et de leur fonctionnement). Des solutions propres et fraîches et des contacts propres sont essentiels. Gardez les zincs bien fusionnés, retirez les fils des bornes de liaison et grattez le métal à l'endroit où les fils se connectent; voir qu'aucun liquide n'est éclaboussé sur les contacts, nettoyer régulièrement tous les ressorts de contact. La batterie Edison-Lalande est probablement la meilleure pour un usage médical, mais même cela nécessite une attention occasionnelle quant aux contacts, aux nouveaux zincs, à la solution fraîche, etc.

Un mauvais réglage au niveau du disjoncteur, des contacts sales ou corrodés, des fils lâches, des bornes de reliure desserrées, des bornes de reliure corrodées, sont souvent le seul problème dans une bobine qui refuse de fonctionner.

Les cordons flexibles sont source de problèmes: le clinquant se brise et il n'y a pas de circuit; se mouille et traverse ou provoque une fuite; les extrémités des cordons se détachent et ouvrent et ferment alternativement un contact; une minute tout va bien, la minute suivante aucun courant ne peut être obtenu. Un autre problème dans les batteries à acide est causé par le fait de laisser les zincs dans le fluide. Il est facile de le faire dans la plupart des cas, bien que l'ingéniosité des principaux fabricants d'appareils électromédicaux soit aujourd'hui dirigée vers ce point. La propreté et une inspection minutieuse de tous les contacts sont bien récompensées; l'insouciance apporte sûrement ses maux.

Il est très souhaitable dans le travail médical d'éliminer le bruit associé au fonctionnement du vibrateur à bobine. Cette secousse ou ce bourdonnement est souvent en soi une source d'irritation pour un patient nerveux. Le son peut être amorti de diverses manières, par exemple, en plaçant sur le vibrateur un couvercle en bois temporaire, doublé de feutre, reposant sur un joint en caoutchouc souple; ou de toute autre manière qui pourrait se suggérer à l'exploitant.

TABLEAU MONTRANT LES RESISTANCES ET LES PIEDS PAR LIVRE DE FILS DE CUIVRE ET D'ARGENT ALLEMAND.

Gauge, Browne et Sharpe.	Diamètre.	Pieds par lb.	CUIVRE. Ohms par 1000 pieds.	ARGENT ALLEMAND. UNIQUEMENT APPROXIMATIF Ohms par 1000 pieds.
8	0,1285	20	0,62881	11,77
9	.1144	25	0,79281	11,83
dix	.1019	32	1	18,72
11	.09074	40	1,2607	25,59
12	.08081	51	1,5898	29,75
13	.07196	64	1,995	37,51
14	.06408	81	2,504	47,30
15	.05707	102	3,172	59,65
16	0,05082	129	4,001	75,22
17	0,04525	162	5,04	94,84
18	0,0403	204	6,36	119,61
19	.03539	264	8,25	155,10
20	.03196	325	10.12	190,18

21	0,02846	409	12,76	239,81
22	0,02535	517	16,25	302,38
23	0,02257	660	20h30	381,33
24	.0201	823	25,60	480,83
25	0,0179	1039	32,20	606,31
26	0,01594	1310	40,70	764,59
27	0,01419	1650	51,30	964,13
28	0,01264	2082	64,80	1215,76
29	0,01126	2623	81,60	1533,06
30	0,01002	3311	103	1933.03
31	.00893	4165	130	2437,23
32	.00795	5263	164	3073,77
33	.00708	6636	206	3875,61
34	.0063	8381	260	4888,49
35	.00561	10560	328	6163,97
36	.005	13306	414	7770,81

CHAPITRE II: CONTACTEZ LES DISJONCTEURS.

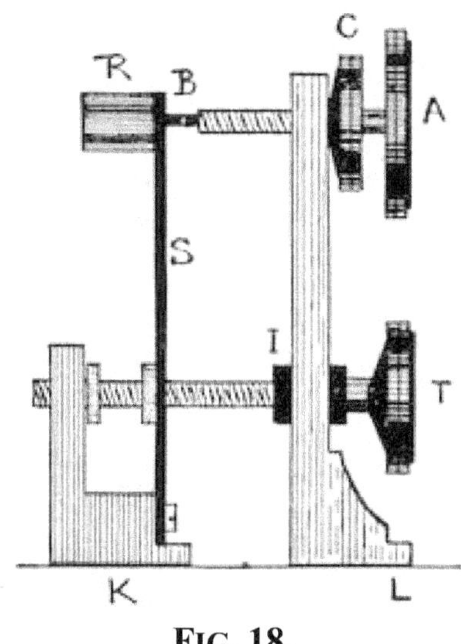

FIG. 18.

La forme simple de disjoncteur de contact déjà décrite est utile jusqu'à un certain point, mais elle présente des inconvénients. Son taux de vibration n'est variable que dans des limites étroites et ne convient pas aux courants très forts. Mais en l'état, il a fait un long service et sera probablement utilisé partout où les exigences ne sont pas exigeantes. La forme la plus souhaitable de cette simple rupture de ressort est représentée sur la figure 18. R est l'armature en fer doux; S, le ressort; C, contre-écrou qui empêche la vis de réglage A de se desserrer; T, une deuxième vis de réglage servant à serrer le ressort et ainsi augmenter son taux de vibration; K est la base à laquelle un fil de la bobine est attaché; L, la base du dispositif de réglage à qui court de fil de batterie à l'I. Lorsque la vis de serrage T passe à travers le pilier de la vis de réglage, le trou dans celui-ci est doublé de caoutchouc pour éviter un contact accidentel. Les deux A et T sont munies de têtes d'isolation en caoutchouc ou en ivoire. À B sont les contacts en platine, qui doivent avoir un diamètre total de ⅛ de pouce.

Un défaut grave dans l'action du vibrateur à ressort simple (Fig. 19) est la tendance du ressort à vibrer, pour ainsi dire, de manière sinusoïdale. Cela provoque une irrégularité dans la vitesse des vibrations, ce qui affecte très considérablement la décharge de la bobine. De loin, le meilleur plan est d'utiliser un ressort très court et épais riveté à un bras portant l'armature à son extrémité (Fig.20). *R* est l'armature, *S* la pièce de ressort et *K* le point d'attache à la base. La largeur réelle de la partie du ressort qui vibre - la partie charnière, pourrait-on l'appeler - ne doit pas dépasser ⅛ de pouce.

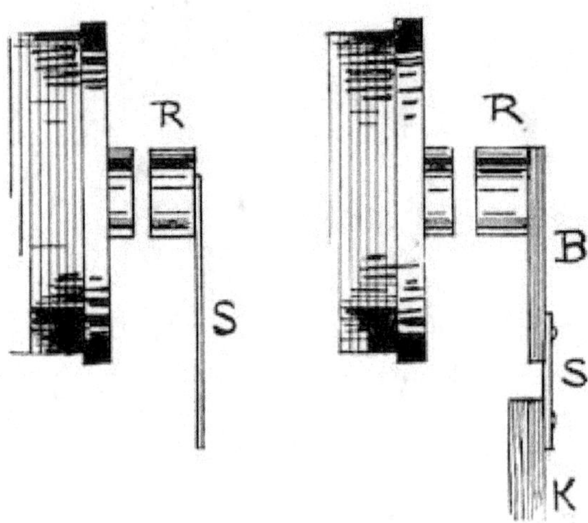

FIG. 19. FIG. 20.

Le taux de mouvement est élevé; mais une notion erronée a été prise de son exécution par de nombreuses personnes à la connaissance de l'écrivain. Le taux de vibration *ne* dépend *pas* entièrement de la taille, ou plutôt la petitesse de son ressort; le bras et l'armature le modifient considérablement, bien qu'ils ne soient pas pliables, en raison de leur masse et de la quantité de mouvement consécutive à leur masse.

Un mot ici sur la taille de l'armature. Il doit être un peu plus grand que la face du noyau de l'électro-aimant, et doit être épais, c'est-à-dire de forme circulaire, disons la moitié de son diamètre. Bien entendu, cela ne s'applique pas à l'armature de levier en acier mentionnée précédemment. Il est impossible d'établir des règles arbitraires lorsque les conditions ne sont pas déterminées, mais une très petite quantité d'expérimentation montrera les bonnes lignes sur lesquelles construire.

Lorsqu'ils sont en action, tous les rhéotomes rapides émettent une note musicale définie par laquelle le taux de vibration peut être déterminé. La référence à tout travail sur l'acoustique montrera un tableau du nombre de vibrations nécessaires pour produire une note de musique énoncée. Le style précédent de rhéotome forme la base de presque tous ceux qui sont en usage. Plus un ressort est court et robuste, plus il vibre rapidement, et *vice-versa* . En appliquant cette règle, nous pouvons fabriquer un instrument qui donnera jusqu'à 2500 vibrations par seconde (Fig. 21).

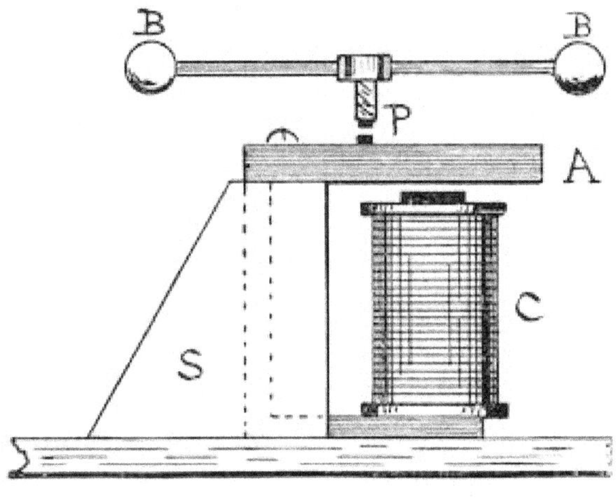

FIG. 21.

L'armature *A* est un morceau de barre plate en acier dur ¼ × ½ pouce, maintenu rigidement sur le support métallique *S* et juste dégageant le haut par les surfaces des noyaux magnétiques *C* . La vis de réglage *P* doit être équipée d'un bras, *BB*, grâce à quoi la rotation de celui-ci peut être délicatement variée. Cette vis doit également être fermement maintenue ou la vitesse élevée de l'armature la détachera. Un contre-écrou de chaque côté du cadre qui le porte doit être prévu dans tous les cas. Le contact de platine nécessaire peut être martelé dans un trou percé avant que l'armature ne soit durcie. L'endroit approprié pour ce contact est environ un quart de la longueur totale de l'armature à partir de son support, bien que dans le disjoncteur à contact simple, il puisse être placé à la distance d'un tiers si on le souhaite. La raison en est que le choc de la vis de réglage amortit la vibration libre, et son amplitude est diminuée en plus des contre-vibrations de la vis perturbant la série vibratoire régulière.

Du fait que l'amplitude de la vibration de l'armature est si faible, un réglage très délicat est nécessaire. L'annonce de la vis de réglage peut être placée plus près de l'extrémité libre, mais pour les raisons indiquées, cela n'est pas souhaitable. Le pont métallique doit être une pièce moulée solide et l'armature serrée par plus d'une vis.

Le vibrateur à mercure, qui est appliqué à presque toutes les grandes bobines, est le suivant:

Un bras pivotant porte à une extrémité une armature en fer doux, qui est attirée par le noyau de la bobine. L'autre extrémité est munie d'une pointe en platine réglable par une vis de réglage. Cette pointe de platine plonge dans une coupe à mercure - une coupe en verre contenant du mercure, avec une fine couche d'alcool de térébenthine. Le but des esprits de térébenthine, qui est un non-conducteur, est d'aider à étouffer l'étincelle qui se produirait chaque fois que la pointe de platine était soulevée du mercure.

Une forme de disjoncteur de contact qui admettra de grandes variations de vitesse, et qui est adapté pour transporter de grands courants, est le brise-roue, construit de la manière suivante:

Un disque en laiton ou en cuivre de 3 pouces ou plus de diamètre et de plus de ½ pouce d'épaisseur a sa périphérie divisée par un certain nombre de coupes de scie, qui sont souvent remplies de bouchons de caoutchouc dur ou de fibre. Ce disque est monté sur un arbre, qui est soit l'arbre d'un électromoteur, soit muni d'une poulie par laquelle il peut être mis en rotation rapidement. Une bande de cuivre à ressort de chaque côté du disque appuie sur la surface dentée, une bande étant connectée à la bobine et l'autre à la batterie ou à une autre source de courant. On verra maintenant que lorsque le disque tourne les fentes ou morceaux de caoutchouc dur provoquent la rupture du circuit à travers les brosses ou les bandes de cuivre, la rapidité des cassures dépendant de la vitesse de rotation du disque, et du nombre de fentes dans la roue.

Les fentes ou les pièces en caoutchouc doivent mesurer la moitié de la largeur du laiton intermédiaire, mais doivent mesurer au moins un seizième de pouce de largeur, en particulier lorsqu'une haute tension est utilisée dans la bobine primaire.

L'arbre de la machine peut servir de point de connexion à la place de l'une des brosses en cuivre; mais dans ce cas, soit un large tourillon doit être utilisé, soit une substance conductrice, comme le plumbago, remplace l'huile de graissage des roulements.

DISJONCTEUR DE CHANGEMENT DE POLE.

La figure 22 montre un schéma d'un disjoncteur à contact à changement de pôle qui permettra des alternances rapides de courant. Il est de préférence actionné par un moteur électrique, bien que toute puissance motrice puisse lui être appliquée.

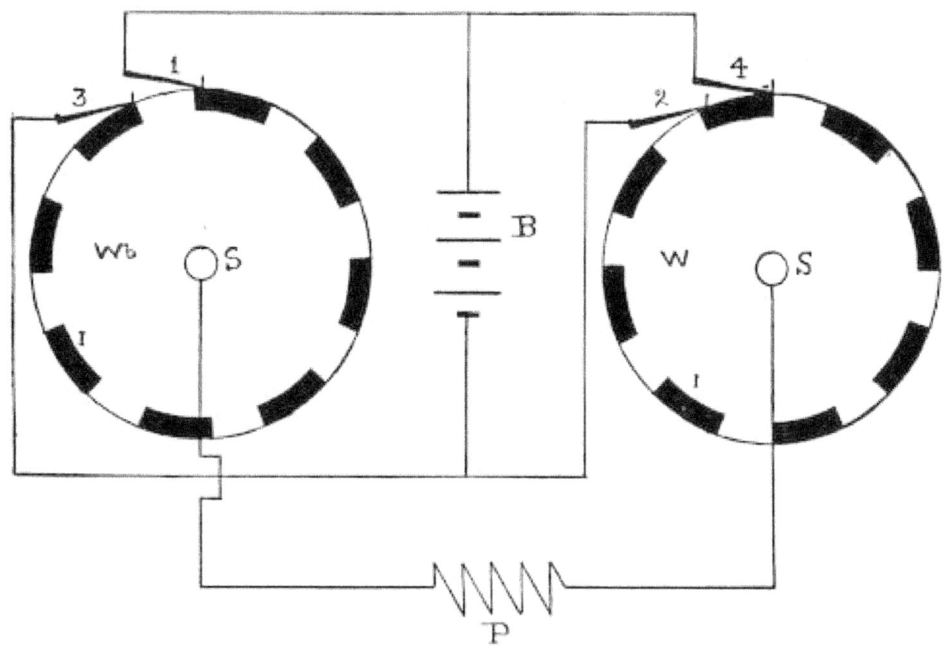

FIG. 22.

W a W b sont deux roues en laiton dont les périphéries sont cassées par l'insertion de blocs isolants *II* , représentés en noir sur le croquis. *Les SS* sont les arbres sur lesquels sont montées les roues, les deux roues étant nécessairement isolées l'une de l'autre. 1, 2, 3, 4 sont quatre balais de cuivre appui sur la jante de la roue et de premier plan dans le courant de la batterie *B* . La bobine primaire est attachée au laiton corps de la roue ou aux arbres. Lorsque la roue est dans la position représentée, la bobine et la batterie sont en circuit ouvert; mais sur la roue qui commence à tourner, les brosses 1 et 2 portent sur le laiton, et le courant passe du pôle positif de la batterie à 2 à travers la roue $W\ a$ à la bobine P, à travers la roue $W\ b$ et à 1 retour à la batterie. La prochaine position des brosses 1 et 2 sera sur les isolations, et 3 et 4 entreront en action. Ensuite, le courant positif atteindra $W\ b$ au moyen de la brosse 3, et après avoir traversé la bobine primaire et la roue $W\ a$, émergera en 4 vers la batterie, inversant ainsi le courant à travers Pautant de fois qu'il y a d'ensembles de segments, lesquels peuvent être multipliés selon les besoins. Le point principal à considérer après celui des bonnes connexions est que les balais 1 et 3 et 2 et 4 ne touchent à aucun moment aucune partie de la roue en laiton en même temps, car cela court-circuiterait la batterie. Ceci est évité en rendant l'espace isolant plus long que la surface en laiton et en ajustant les brosses comme dans le croquis, que chaque paire d'entre elles soit une fraction plus éloignée que la longueur de la dent en laiton.

En conséquence, une roue peut être construite avec de nombreux segments et mise en rotation à une vitesse élevée et des inversions rapides du courant produit, dont les utilisations sont multiples.

Comme cela sera décrit dans les notes sur les effets Tesla, un électro-aimant, dont les pôles sont rapprochés du point d'étincelle du disjoncteur de contact, aidera à éliminer l'étincelle, et aidera ainsi à la soudaineté de la rupture.

Un expédient extrêmement efficace pour faire fonctionner des disjoncteurs de contact est d'employer une ébauche de pointe dirigée par jet d'air haute pression contre le point de contact. L'effet de ce souffle d'air lors du contact est bien sûr nul, mais sur les surfaces de platine se séparant, la pression d'air élevée produite forme un chemin de résistance extrêmement élevée, et a tendance à souffler. Eteignez l'étincelle dès qu'elle est générée. Le jet d'air doit sortir d'une buse isolée en verre ou en caoutchouc et ne doit pas contenir d'humidité.

INTERRUPTEUR WEHNELT.

L'une des inventions les plus importantes dans le travail des bobines est l'interrupteur électrolytique de Wehnelt. En bref, l'appareil est constitué d'un récipient contenant une solution d'acide, dans lequel plongent deux électrodes connectées en série avec la source d'énergie et le primaire de la bobine. Lors du passage d'un courant à travers la combinaison, le fluide devient agité au niveau des électrodes et une rupture rapide du courant s'ensuit (Fig. 23).

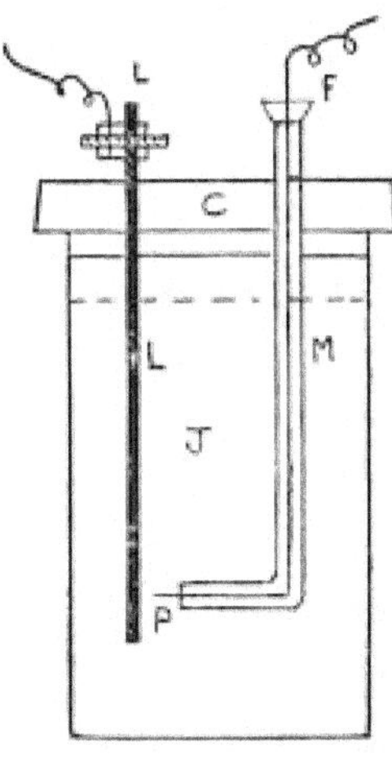

FIG. 23.

Il nécessite une force électromotrice considérable pour fonctionner, un minimum de 40 volts étant souhaitable. Sa rapidité d'action varie jusqu'à et parfois dépassant 4000 interruptions par seconde. Un interrupteur Wehnelt peut être fabriqué comme suit: Procurez-vous un bocal en verre J contenant environ un quart ou un peu moins, également un couvercle pour le même C, un morceau de feuille de plomb L assez grand pour tenir librement à travers le pot et ne pas toucher le fond, huit pouces de tube de verre M d'un quart de pouce, quelques pouces de fil de platine $P\ 20$, et deux onces de mercure. Chauffez l'extrémité du tube de verre dans une flamme de gaz et pliez un pouce ou moins à angle droit; en même temps sceller le fil de platine au moyen d'une sarbacane, de sorte que la pointe dépasse juste de l'extrémité courbée du tube. Ce scellement peut être réalisé facilement par un utilisateur non habitué au verre de travail, mais presque tous les fabricants d'instruments philosophiques le feront à faible coût. Des trous étant percés à travers le couvercle, la plaque de plomb et le tube de verre sont insérés, la pointe de platine touchant presque le plomb. Le réglage est cependant facile, car le tube, en étant tourné, se rétracte ou fait avancer la pointe de platine depuis ou vers l'électrode de plomb. Remplissez presque le pot avec une solution composée d'une partie d'acide sulfurique pour huit parties d'eau et remplissez le tube de verre de mercure. Les connexions peuvent alors être réalisées au moyen d'une pince sur le plomb et d'un fil plongeant dans le mercure. Connectez la plaque de plomb L à un pôle de la batterie ou de la source d'énergie et l'électrode platine-mercure F à un poste de primaire. L'autre côté de la batterie et de la bobine étant fermés, l'appareil commencera à fonctionner. Aucun condenseur n'est nécessaire avec cet interrupteur.

DISJONCTEUR DE CONTACT DESSAUER.

Il s'agit d'une modification du type à tête de marteau à ressort, mais a un contact en platine des deux côtés du ressort. Il obtient ainsi des vibrations doubles, mais est susceptible de coller. L'élasticité du ressort empêche normalement le circuit de rester fermé lors du mouvement vers l'avant de la tête de marteau, mais cette combinaison nécessite une attention.

INTERRUPTEUR A RUBAN EN ACIER.

Pour les courants légers et les vibrations rapides, tels que ceux employés en électrothérapie, l'interrupteur à ruban d'acier convient. Il se compose d'un ruban d'acier V d' un demi-pouce de large sur six ou huit pouces de long et de l'épaisseur d'une solide carte de visite. Près de la fin est riveté un contact en platine. Une extrémité du ruban est maintenue par un montant en laiton R, auquel la connexion est faite au circuit; l'autre extrémité est rivetée à une tige filetée, qui passe à travers un pilier en laiton, et est tenue par un pouce-vis et écrou contrôle S. Le fait de tourner la vis à oreilles dans un sens ou dans l'autre pour serrer ou desserrer le ruban et ainsi augmenter ou réduire le taux de vibration (Fig. 24).

CONTACTEZ BREAKERS IN VACUO.

Les disjoncteurs sous vide, tels qu'appliqués aux bobines de Ruhmkorff, ne sont en aucun cas de date récente. Poggendorff en a fait usage avant 1859, et a noté la diminution des étincelles au niveau du disjoncteur et l'augmentation de l'effet dans le circuit secondaire.

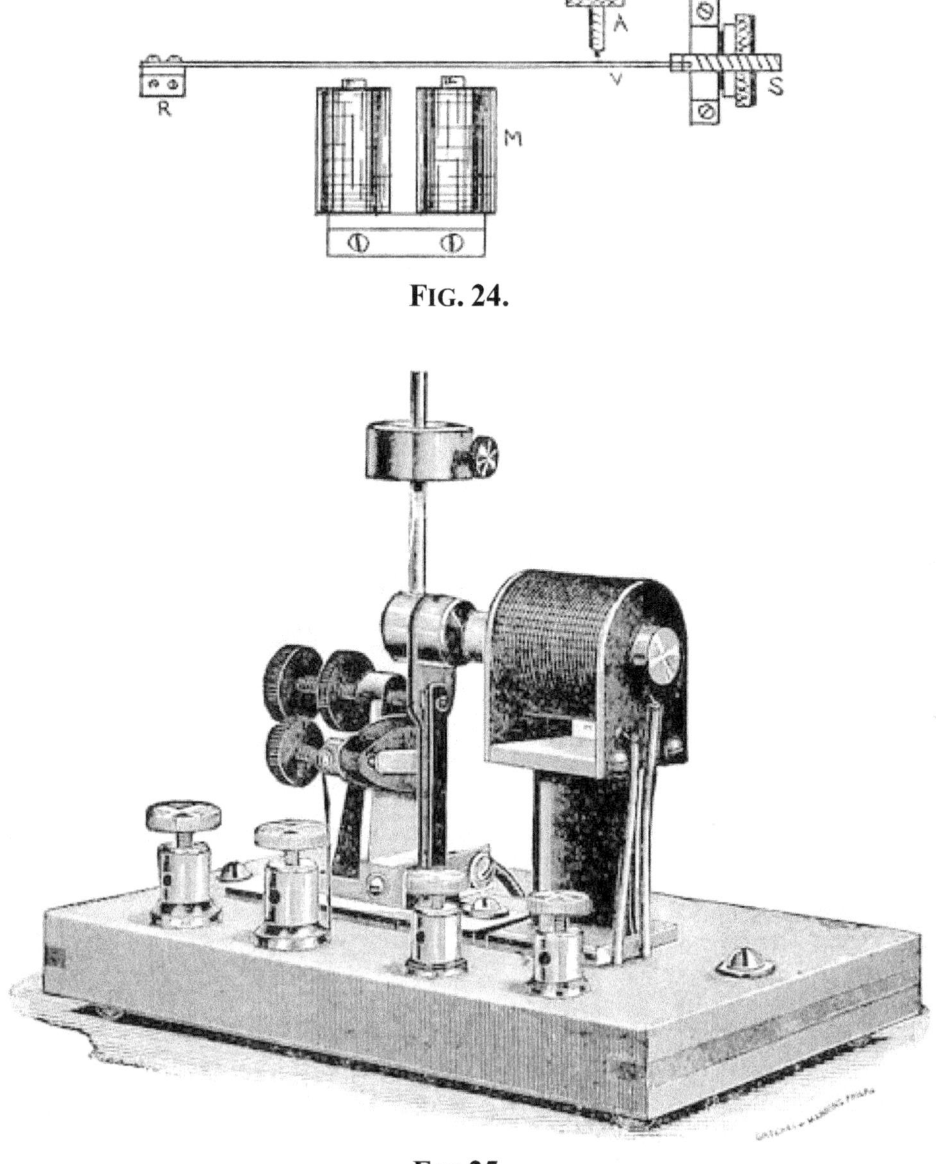

FIG. 24.

FIG.25.

M. D. McFarlan Moore, dont l'expérience des systèmes d'éclairage à tubes à vide se sont avérés si intéressants, a obtenu des brevets sur diverses formes de disjoncteurs de contact, le principal mérite est que les contacts ont été rompus dans le vide. Les étincelles étaient presque éliminées et la soudaineté de la rupture de contact si accentuée qu'elle améliorait matériellement le rendement d'une bobine d'induction. La lecture de ses brevets, dont des exemplaires peuvent être obtenus auprès de presque n'importe quel libraire, s'avérera profitable pour le constructeur de bobines.

DISJONCTEUR QUEEN CONTACT.

L'avantage le plus important de cet agencement est la rupture brusque, due à un collier dans le vibrateur frappant un contact mobile à pleine vitesse. La référence à la figure 25 montrera que le contact mobile en platine est porté sur un petit ressort vertical derrière le ressort vibreur et fait saillie à travers un collier sur le ressort vibreur. Lorsque le contact est établi, le mouvement du vibreur n'est pas arrêté, mais se poursuit à sa pleine amplitude, permettant ainsi un long «make». Le vibrateur continue de bouger à une amplitude constante au moyen de la petite bobine représentée sur l'illustration, qui est en shunt avec le circuit principal. Dans les anciennes formes, il y a toujours eu un risque que les contacts en platine collent (ou se soudent ensemble). Dans la nouvelle forme, comme la rupture est faite lorsque le vibrateur est au milieu de son oscillation, le coup soudain avec tout l'élan de la tête de marteau en fer est toujours suffisant pour briser les platines. Cette forme de disjoncteur est très efficace sur les circuits électriques d'éclairage et fonctionne avec la plus grande régularité.

LE DISJONCTEUR QUEEN CONTACT POUR LES GRANDES BOBINES.

Il s'agit d'un appareil où la rupture réelle est faite dans l'alcool entre de gros plots de platine de près d'un quart de pouce de diamètre. Le contact inférieur peut être relevé ou abaissé au moyen d'une vis de réglage. Le contact supérieur est fixé dans l'extrémité inférieure d'une tige passant le long d'un tube de guidage dans l'alcool pour rencontrer le contact inférieur. Au moyen d'un moteur électrique et d'un mouvement de came, le contact supérieur et le piston sont amenés à travailler de haut en bas dans l'alcool, créant et interrompant ainsi le flux de courant. L'une des caractéristiques louables de ce disjoncteur de contact est que les goujons en platine sont amenés à tourner pendant le fonctionnement, présentant ainsi de nouvelles faces les unes aux autres après chaque coup. L'appareil n'est pas adapté pour une action rapide, mais pour la manipulation de courants forts.

DISJONCTEUR DE CONTACT REGLABLE POUR BOBINES MEDICALES.

Un disjoncteur de contact réglable pour bobines médicales est représenté sur la Fig. 26. *MM* sont les bobines magnétiques, *A* est l'armature, portant un contact de platine, qui vibre contre la vis de réglage *P* . L'armature pivote en *J* , mais est maintenue à distance des aimants par les ressorts *SS* . L'autre extrémité de l'armature porte une bille *B* , qui peut être glissé de haut en bas sur la tige et réglé à tout moment par une vis de réglage. Lorsque la bille est à l'extrémité de la tige d'induit la plus éloignée des aimants, les vibrations sont les plus lentes; lorsqu'ils sont déplacés vers les aimants, les vibrations deviennent plus rapides. Le réglage des deux ressorts *SS* à *RR* permet au disjoncteur de contact de fonctionner avec une intensité de courant variable, et tend également à réduire la secousse des disjoncteurs à contact par gravité. Un ressort plat, cependant, peut être remplacé pour les ressorts hélicoïdaux, auquel cas le pivot serait supprimé et le ressort rivé, comme dans la forme marteau du vibrateur. L'illustration montre cela arrangé pour un panneau mural, mais il peut facilement être adapté pour le travail de table.

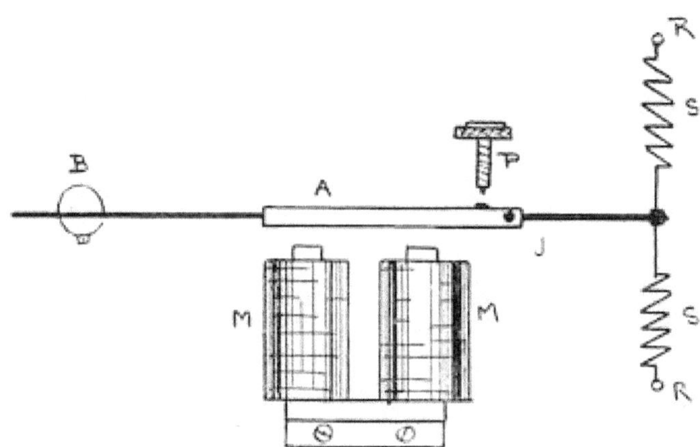

FIG. 26.

VIBRATEUR A CONE REGLABLE.

La figure 27 montre une forme de disjoncteur de contact très utilisé dans les bobines médicales portables pour des vitesses lentes. Il se compose d'un cône de fer H, monté sur le ressort de vibreur, et fourni avec ressort de contact réglable et vis A. Son amplitude de vibration est limitée par les deux broches montées sur le disque, entre lesquelles le cône vibre. Le disque est tourné à la main, se déplaçant ainsi les broches, et ainsi de faire varier le Voyage du cône H vers et depuis le noyau C. Cela ne donne pas de bons résultats du fait que les mouvements rythmiques sont perturbés à chaque fois que le cône heurte les broches, également au niveau du ressort de contact frappant la vis de contact. Comme nous l'avons montré précédemment, un disjoncteur de contact vraiment satisfaisant doit avoir un ressort, qui ne permet aucun mouvement sinusoïdal. Lorsqu'une armature pivotée est gouvernée par un ressort en spirale, il en résulte une série de chocs réguliers et rythmiques, à condition que les réglages soient satisfaisants.

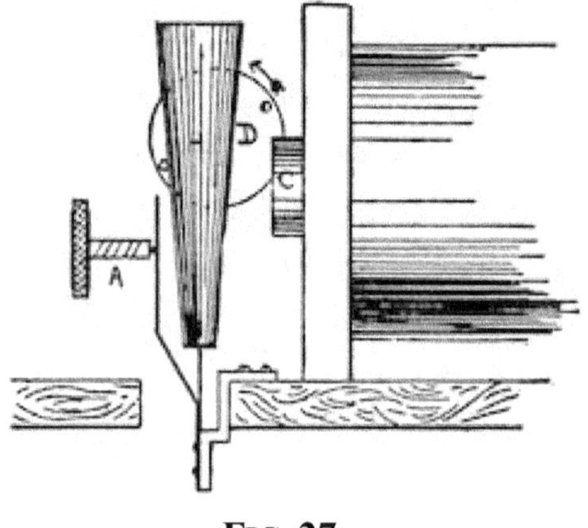

FIG. 27.

DISJONCTEUR DE CONTACT DE TETE DE BOBINE.

La figure 28 montre les détails d'un disjoncteur de contact à fixer directement à la tête de bobine. Il est souvent utilisé sur de très petites bobines qui, avec une cellule sèche miniature, sont glissées dans un étui de poche. Un détail important dans les petites bobines est d'utiliser un disjoncteur de contact de taille suffisante. La plupart d'entre eux ne sont pas assez grands pour supporter une utilisation ordinaire, la vis de réglage n'est pas d'un diamètre suffisant et le filetage se dénude rapidement. Il n'y a aucune raison pour que la vis de réglage, son embout en platine et le pilier ou la patte qui la maintient ne soient pas solidement construits, cela nécessiterait certainement moins d'ajustement. Des contre-écrous simples ou doubles peuvent être montés sur le réglage vis de presque toutes les formes de disjoncteurs de contact décrites.

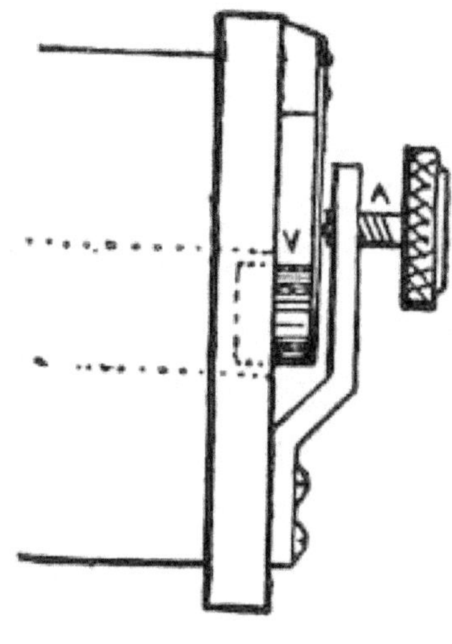

FIG. 28.

CONTACTS.

Il est absolument essentiel que le *diamètre* des contacts de tous les disjoncteurs de contact soit le plus grand possible et que leurs faces soient vraiment parallèles pour leur permettre de transporter facilement tout le courant nécessaire. L'une des principales causes de défaillance de la bobine est la combustion de la pointe de platine et des bavures de platine, le courant étant alors matériellement réduit. De grosses étincelles au point de rupture indiquent souvent que le condenseur ne fonctionne pas correctement - il est peut-être tombé en panne ou n'est pas assez grand. Les contacts fusionnent parfois ensemble; en tout cas, l'étincelle excessive est une preuve de gaspillage autant que dans un générateur dynamo.

La méthode réglable de disposition des condenseurs (voir chapitre IV.) Est ici d'une grande valeur, mais il est facile de fixer plus de condenseur sections du pilier de la vis de contact et du pilier du vibreur et notez le résultat. Dans la construction des serpentins de Ruhmkorff, il est judicieux de rendre toutes les connexions possibles sur la base du serpentin, au lieu de l'intérieur de la chambre du condenseur. Cela se fait soit au moyen de fils recouverts de caoutchouc, soit de bandes de laiton soignées, vissées sur la base à partir des points de connexion et, bien sûr, soigneusement pliées ou bien isolées de tous les autres fils qu'ils doivent croiser.

Les meilleurs fabricants de bobines d'induction construisent leurs instruments de manière à ce qu'ils puissent être facilement démontés avec le moins de détachement possible des connexions.

CHAPITRE III: ISOLATIONS ET CIMENTS.

Lors du choix d'un composé isolant pour un appareil conçu pour être sous l'influence de courants de haute tension, un coup d'œil à certaines des particularités de ces courants ne sera pas déplacé. L'huile minérale est utilisée dans de nombreux convertisseurs utilisés pour transformer les courants à haute tension sur le secteur des systèmes d'éclairage électrique alternatif en une tension comparativement basse utilisée aux points de consommation. Le professeur Elihu Thomson, dans une série d'expériences, a remarqué des faits intéressants concernant les distances d'étincelles des hauts potentiels dans les huiles.

Il a constaté que les décharges de basses fréquences, à raison de 125 alternances par seconde, étaient capables de perforer les huiles minérales à un tiers à la moitié de l'épaisseur d'une couche d'air suffisante pour juste résister aux perforations par la même décharge; mais avec des fréquences de 50 000 à 100 000 par seconde, une épaisseur d'huile d'un trentième à un soixantième était une barrière suffisante.

À une fréquence de 125 par seconde, une étincelle d'un demi-pouce dans l'air a pénétré un tiers à un quart de pouce d'huile; mais à des fréquences de 50 000 à 100 000 par seconde, une couche d'huile d'un quart de pouce a résisté avec succès au passage d'une étincelle qui passait librement à travers 8 pouces d'air.

L'effet du séchage d'une huile améliore ses qualités isolantes. (Tesla utilise de l'huile de lin bouillie.)

Il a également noté que les électrodes pointues pouvaient être rapprochées sous l'huile plus que des billes sans permettre une décharge. Les plaques plates permettaient des distances d'étincelles encore plus grandes. Tesla note que l'huile à travers laquelle des étincelles sont passées doit être jetée, probablement en raison de la formation de particules de carbone.

La cire de paraffine a une résistance plus élevée que l'huile, à condition qu'elle n'ait pas été chauffée à plus de 135 ° C. Elle supportera un chauffage alterné jusqu'à 100 ° C et un refroidissement, étant de moindre résistance à chaud qu'à froid. Mais une grave détérioration permanente a lieu lorsqu'il a été chauffé à plus de 100 ° C; sa couleur, du blanc pur normal, passe à une teinte jaunâtre lorsque son isolation est altérée. La paraffine subit également une détérioration lorsqu'elle est chauffée pendant une longue période même à 100 ° C, et ne doit jamais être utilisée pour des travaux fins lorsqu'elle est jaune du tout. Il est toujours préférable de le faire fondre dans un bain d'eau chaude, sans toutefois permettre à la vapeur ou à l'humidité de s'en approcher. Dans ce climat (États-Unis), il n'est pas si nécessaire de mélanger du suif pour éviter la fragilité, la température moyenne de la plupart des ateliers étant suffisamment élevée pour éviter qu'il ne devienne cassant.

Les huiles de résine ne souffrent pas de lésions permanentes dues au chauffage, comme la paraffine, mais leurs propriétés isolantes diminuent beaucoup plus rapidement en devenant même chaud, la résistance initiale des huiles résineuses étant inférieure à celle de la paraffine.

La paraffine a un défaut: sa tendance à absorber un léger degré d'humidité. Il a été constaté dans les câbles téléphoniques et télégraphiques saturés de paraffine que c'est une cause très importante de leur détérioration. Dans les serpentins de Ruhmkorff, cependant, qui sont destinés à fonctionner dans des endroits fermés sans atmosphères humides, l'absorption d'humidité serait probablement réduite à son minimum.

Il y a une substance qui, sans son coût, serait de loin préférable à la paraffine pour le travail des bobines, c'est la cire d'abeille. Son coût, cependant, est généralement cinq fois supérieur à celui de la paraffine, même achetée en quantité. Il ne devient jamais assez cassant pour être endommagé lors d'une manipulation soigneuse, son point de fusion est bas et il n'absorbe pas l'humidité. Mais il doit être incontestablement pur et clair.

Dans la pratique étrangère, une variété de résineux des mélanges sont utilisés pour isoler les spires du fil dans les bobines de Ruhmkorff.

Des parties égales de résine et de cire d'abeille utilisées chaudes, de paraffine, de résine et de suif, de gomme laque et de résine sont utilisées.

La gomme laque - c'est-à-dire la laque jaune - est très utilisée comme vernis pour les instruments électriques, étant dissoute dans l'alcool jusqu'à saturation. Pour les armatures de dynamo et les appareils similaires, le vernis shellac est d'un grand service, et de nombreux bons composés de shellac, tels que l'insullac et l'armalac, ont été préparés pour une utilisation immédiate. Mais (à l'exclusion de la cire d'abeille) pour nos besoins, la paraffine occupe une place prééminente en tête de liste.

Lors de l'utilisation de vernis shellac, plus particulièrement dans les travaux à haute tension, il faut veiller à ce que l'humidité se soit entièrement évaporée. Bien qu'un morceau d'appareil shellacked peut sembler parfaitement sec, mais quand le courant est autorisé à circuler, des résultats inattendus peuvent apparaître - cela prend des heures dans une atmosphère sèche pour shellac varnish pour sécher. La cuisson de l'appareil dans un four chaud est un expédient nécessaire chaque fois que cela est possible, en prenant soin de ne pas brûler ou décomposer la gomme laque. Les proportions les plus généralement utilisées sont de 1 once de gomme laque pour 5 onces d'alcool. Placez le récipient contenant le mélange dans un endroit chaud et secouez-le fréquemment; la filtration améliore quelque peu le vernis.

Un vernis prêt et efficace pour la soie est préparé en mélangeant 6 onces d'huile de lin bouillie et 2 onces d'alcool de térébenthine rectifié. Pour le papier, 1 partie de baume du Canada et 2 parties d'alcool de térébenthine dissoutes dans un endroit chaud et filtrées avant d'être utilisées. Un bon ciment isolant pour les bocaux Leyden et les supports isolants est préparé à partir de soufre, 100 parties; suif, 2 parties, et résine, 2 parties, fondus ensemble jusqu'à l'obtention de la consistance du sirop, et suffisamment de verre en poudre a été ajouté pour faire une pâte. A chauffer lors de son application, il résistera à la plupart des acides. La résine et le composé de cire d'abeille est pratique lors de la fabrication des pompes à air mercuriel expérimentales de tubes en verre, car il a une bonne ténacité, n'est pas trop cassant et est facile à utiliser.

CHAPITRE IV : CONDENSEURS.

Un condenseur est un appareil par lequel une charge d'énergie électrique peut être temporairement stockée, la quantité d'énergie qu'il contiendra déterminant sa «capacité». La capacité d'un condenseur se mesure en micro-farads, l'unité commerciale représentant un millionième de farad. Un farad équivaut à la capacité d'un corps élevé au potentiel d'un volt par une charge d'un ampère pendant une seconde à un volt - *c'est-à-dire* = un coulomb.

La mesure de la capacité d'un condenseur est réalisée par l'utilisation d'un galvanomètre balistique. Ce dernier instrument a un aimant en forme de cloche suspendu dans une bobine de fil fin. Lorsqu'un courant momentané traverse cette bobine, l'aimant commence à peine à tourner jusqu'à ce que le courant ait pratiquement cessé. Un faisceau de lumière est réfléchi par un miroir fixé à l'aimant sur une échelle. Le degré de déflexion est comparé à celui obtenu par la décharge d'un condenseur de capacité connue, et la capacité du condenseur en cours de mesure est déduite par une règle simple. Le farad, qui est l'unité de capacité nécessitant un condenseur d'une taille immense, est remplacé par une unité commerciale, le micro-farad, c'est-à-dire un millionième de farad.

La forme originale du condenseur était le pot de Leyden, qui doit son nom à la ville de Leyden en Europe.

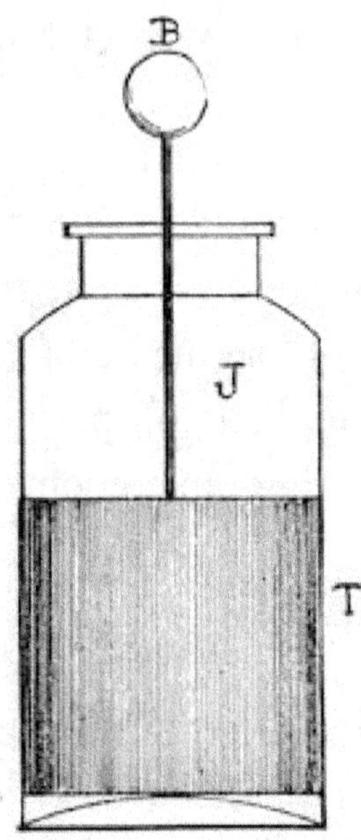

FIG. 29.

Le bocal Leyden est fabriqué comme suit (Fig. 29): Un bocal en verre propre non fissuré avec une large ouverture est enduit à l'intérieur et à l'extérieur de papier d'aluminium; parfois du papier d'aluminium en vrac est rempli à l'intérieur, le papier d'aluminium n'atteignant cependant pas plus des deux tiers de la longueur du pot à partir du bas. Un bouchon est monté, et à travers le milieu de celui-ci un fil est passé en touchant le revêtement intérieur de papier d'aluminium et se terminant par une sphère métallique à l'extérieur. Un simple pot de Leyden peut être fabriqué en quelques instants en remplissant à moitié une bouteille en verre d'eau et en mouillant la moitié inférieure de l'extérieur; un fil qui traverse le bouchon dans l'eau termine le travail. Mais ce n'est au moins que de fortune, bien qu'une bonne quantité de courant ait été collectée à partir d'une courroie de moteur en cuir en mouvement dans une ainsi réalisée.

Un condenseur peut être facilement réalisé comme suit (Fig.30):

FIG.30.

Procurez-vous une plaque de verre transparent, G, sans défauts, de 11 pouces carrés sur $3/3\,^3/_{32}$ pouces d'épaisseur. Donnez-lui une bonne couche de vernis shellac partout, sur les côtés et les bords. Découpé dans du papier d'aluminium lisse deux feuilles, T, 8 pouces carrés, et arrondissez les coins avec une paire de ciseaux. Il ne doit y avoir aucun coin pointu, aucune projection ou aucun angle pour provoquer une fuite. Posez la plaque de verre sur une feuille de papier et marquez-y le contour avec un crayon; puis retirez-le et remplacez-le par une feuille de papier d'aluminium et marquez-le. Cela vous permettra de centrer la feuille. Donnez un côté de la plaque de verre une autre couche de vernis et posez-la ainsi sur le papier pour que son contour coïncide avec le contour du crayon. Lorsque le vernis est partiellement sec, prenez une feuille de papier découpé et, en observant les marques au crayon, vous pouvez la poser sur la plaque vernie exactement au centre. Posez d'abord le bord supérieur le long de cette ligne et déposez soigneusement le reste de la feuille en place. Ensuite, avec un pinceau plat rempli de vernis, passez sur la plaque en éliminant les bulles d'air, et assurant à la fois une surface plane et bien vernie. Quand c'est sec, retournez la plaque et répétez l'opération de l'autre côté.

Si on le souhaite, un hémisphère métallique d'au moins un pouce de diamètre peut être fixé avec du vernis, en grattant d'abord la feuille pour établir un contact. L'assiette entière peut être balancée dans un berceau de deux fils de soie, posée sur un gobelet en verre, ou montée sur une extrémité dans un bloc de bois bombé.

Une bande de papier d'aluminium, S, attachée au coin peut être utilisée comme connecteur. Les plaques doivent être assemblées de la manière suivante lorsque deux ou plus sont utilisées conjointement et qu'une quantité de courant est souhaitée. Ils doivent être placés de manière à ce que les bandes de connexion dépassent alternativement de chaque côté (Fig.31), et toutes de chaque côté jointes de manière à laisser deux bornes, l'une aux plaques 1, 3, 5, l'autre aux plaques 2, 4, 6 plaques, et ainsi de suite, qui, une fois jointes, auront le même effet que celui qui résulterait de l'utilisation de deux grandes plaques de même surface totale. Plus les plaques sont rapprochées, plus elles auront de capacité, en supposant toujours que l'isolation est bonne, l'isolation étant connue sous le nom de diélectrique. Une autre bonne méthode, lorsqu'un verre de haute qualité peut être obtenu, consiste à poser le papier d'aluminium sur les plaques sans vernis, en l'empilant l'un sur l'autre, en alternant le papier d'aluminium et le verre, et en serrant le tout en toute sécurité, en posant un morceau de tissu sur le dessus. et en bas pour éviter de fissurer le verre sous la pression. Cela doit être préservé de l'humidité; une bande de papier paraffiné collée le long des bords et une couche de paraffine supplémentaire répondra très bien.

FIG. 31.

Lors de la construction de ces condenseurs en verre, ils doivent être conçus pour correspondre à la bobine avec laquelle ils doivent être chargés. Dans la description qui précède, nous avons autorisé une marge de 1 ½ pouce de verre autour des revêtements en feuille. Cela fera 3 pouces comme distance maximale entre les revêtements. Bien qu'une étincelle de 2 pouces de la bobine ne saute pas cet intervalle, une certaine décharge aura lieu, et moins cela se produit, plus le condenseur sera réparable. Par conséquent, une marge plus grande devrait être autorisée pour une étincelle plus longue que 2 pouces.

Dans le condenseur commercial à usage téléphonique et télégraphique, la paraffine et le papier remplacent le verre, comme cela sera décrit plus loin. L'huile de paraffine lourde donne d'excellents résultats, mais sa fluidité est désavantageuse.

Il n'y a aucune raison valable pour laquelle la paraffine ne pourrait pas être utilisée sur les condenseurs à plaques de verre, en veillant à ce qu'elle soit exempte de saletés et de copeaux métalliques. En fait, l'espace entre les plaques de verre du condenseur multiplat peut être rempli de paraffine, et ainsi exclure l'air. Seul un condenseur ainsi construit n'est pas commode à démonter à des fins expérimentales.

La description précédente d'un verre de condenseur isolé a été écrit avec l'hypothèse qu'une bonne qualité de verre soit utilisée. Mais le verre à vitre ordinaire est généralement inutile et le papier paraffiné est préférable. La qualité du verre dit «verre dur à silex» est la meilleure, les qualités supérieures étant importées d'Europe. Ce dernier est utilisé dans la fabrication du pot Leyden standard à des fins de conférence.

Sans son coût, le meilleur diélectrique que nous pourrions utiliser serait le mica en feuille. Malheureusement, le mica en feuille de plus de 3 pouces carrés est coûteux et devient rapidement plus important à mesure qu'il devient plus grand.

Les condenseurs standard pour les tests sont fabriqués avec du mica soigneusement sélectionné et conservent la charge pendant une durée maximale. Le condenseur de mica constitué est immergé dans de la paraffine fondue jusqu'à ce que celle-ci pénètre dans les feuilles, puis la masse complète est mise sous pression jusqu'à ce que la paraffine soit bien prise.

CONDENSEUR DE PAPIER.

Le papier utilisé dans la fabrication de la forme commerciale est un papier spécial lin fin et résistant soigneusement sélectionné, feuille par feuille, pour éviter les trous d'épingle ou les défauts, et conservé dans un four jusqu'à son utilisation pour assurer une sécheresse absolue.

Lorsque cela ne peut être obtenu, utilisez du papier à lettres fin et non collé de bonne qualité, bien séché et parfaitement propre. En tant qu'exemple de la nécessité de la propreté, une légère marque au crayon de plomb servirait à conduire le courant entièrement d'une feuille chargée à l'endroit où il se terminait, et si elle est convenablement située, détruirait complètement l'utilité de l'appareil. L'encre, qui contient le plus généralement du fer, causera des problèmes, et bien que certains condenseurs étrangers bon marché soient constitués d'anciennes pages de grand livre, leur efficacité est cependant très incertaine.

Le papier utilisé dans les condenseurs commerciaux a une épaisseur de quatre à sept millièmes de pouce.

SERIES.

Plus la surface est petite, moins la capacité est faible, mais plus la décharge est rapide. L'appareil mentionné jusqu'à présent a eu les plaques alternées connectées ensemble en deux séries, présentant une grande surface et produisant une grande quantité de courant. Un condensateur ainsi fabriqué aura une tension ou un potentiel faible, mais n'est pas aussi susceptible de fuir qu'un condensateur fait pour rendre un potentiel élevé. Le condensateur multiple de grande capacité se déchargera à peine et produira des étincelles sur un entrefer nécessitant un contact des deux électrodes. Mais un plus petit, composé seulement d'une seule paire de petites plaques, étincellera à travers un entrefer assez considérable.

Un certain nombre de condenseurs chargés peuvent être mis en série et le potentiel résultant ainsi augmenté. Coupez un certain nombre de morceaux de papier de la taille désirée, disons 6 pouces carrés, et un certain nombre de feuilles de papier d'aluminium 3 pouces carrés. Arrondissez les coins de la feuille et construisez d'abord une feuille de papier, puis une feuille d'aluminium en son centre, puis un autre papier et une autre feuille d'aluminium, et ainsi de suite. Il ne doit y avoir aucune connexion d'une feuille à l'autre, seulement l'action inductive de l'un sur son voisin. La feuille doit être considérablement plus petite que le papier dans cette construction, en raison de la plus grande tendance à se décharger autour des bords des feuilles, en raison du plus grand potentiel du courant.

Lorsque le nombre requis de feuilles a été constitué, laissez une feuille de papier d'aluminium en haut et en bas pour la connexion, attachez-la entre deux morceaux de carton épais ou de carton et plongez-la dans la paraffine fondue. Une fois complètement imbibé, retirer et mettre sous pression jusqu'à froid. Il ne sera pas souhaitable de les fabriquer avec plus d'une douzaine de paires de feuilles, mais de créer un certain nombre de blocs de ce nombre pour un service prêt.

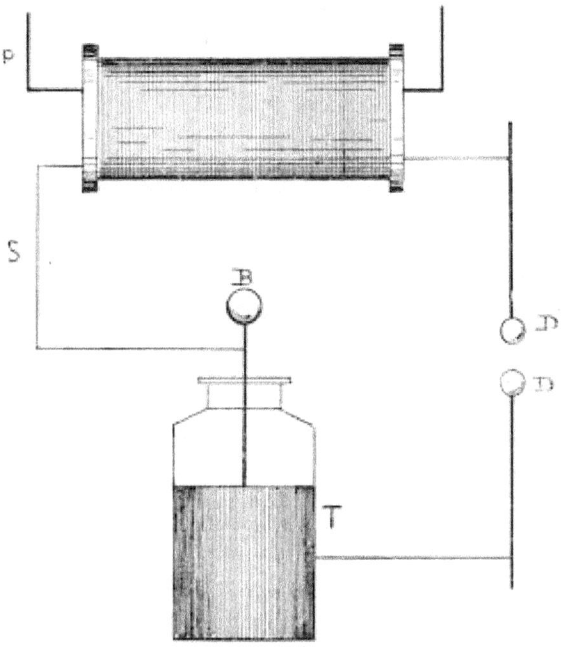

FIG. 32.

La figure 32 montre l'agencement de l'appareil pour charger un pot Leyden, la forme de plaque étant connectée dans une manière. Le pot est posé sur un support isolant - un sèche-linge répondra - avec la bille B reliée à un pôle de la bobine. Du revêtement extérieur en papier d'aluminium T D Les tronçons de fils vers le dispositif de décharge DD, qui est en circuit avec l'enroulement secondaire, S. Les billes de décharge DD sont soigneusement rapprochées jusqu'à ce que l'étincelle passe juste, ce dernier point étant d'une grande importance. Si les billes du déchargeur étaient trop proches de l'étincelle, le diélectrique du condenseur serait probablement percé, les billes doivent donc être soigneusement *rapprochées les* unes des autres jusqu'à ce que la distance exacte soit trouvée. Même si l'isolation du condenseur n'était pas percée, un chemin serait probablement ouvert par lequel passerait une décharge ultérieure et ruinerait l'instrument.

Une autre méthode de chargement consiste à laisser un espace d'air en B ; alors il n'y a pas beaucoup de risque de décharge du condenseur à travers la bobine - un événement indésirable, car il perforerait très probablement l'isolation de la bobine.

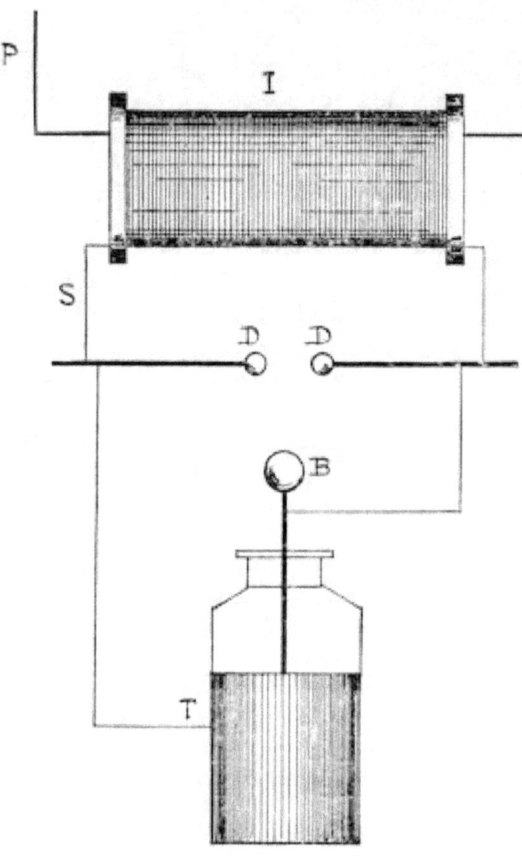

FIG. 33.

Lors de la conception ou de l'utilisation de tout appareil destiné à contenir une charge de potentiel élevé, il faut garder à l'esprit la facilité avec laquelle les arêtes vives permettent au courant de passer - on pourrait presque dire s'évaporer. Étant donné deux corps, l'un un globe et l'autre un bloc rectangulaire, chacun bien isolé de la terre ou de tout autre grand corps, et le globe serait trouvé pour tenir sa charge longtemps après que le bloc ait dissipé toute trace de la charge qui lui a été donnée. . Arrondissez donc chaque arête et angle, projection ou point.

Dans la fabrication de poignées, de supports ou de tout travail nécessitant une isolation élevée intermédiaire, le caoutchouc dur est préférable au verre lorsqu'il y a risque d'humidité. Lorsque l'appareil est tel que représenté sur la figure 33, le condenseur est alternativement chargé et déchargé avec un bruit fort, les étincelles vives passant à travers les billes de décharge *DD* possédant de grands pouvoirs déflagrants.

Lors de l'expérimentation d'une bobine de Ruhmkorff, il n'est pas conseillé de laisser l'instrument en fonctionnement alors que les bornes secondaires sont au-delà de la distance d'étincelle, car il y a une forte contrainte sur l'isolation secondaire. Il n'est pas non plus sage d'utiliser une seule électrode dans une expérience, à moins que l'autre ne soit connectée à un appareil d'une capacité approximative à celle de l'autre, pour la raison qui précède.

<h2 style="text-align:center">CONDENSEURS ENROULES.</h2>

Maintenant que le condenseur est devenu un facteur si important dans le travail téléphonique, de nombreux schémas de réduction et de facilitation de leur fabrication ont été mis au point. Un en particulier mérite d'être décrit, le condenseur "enroulé" ayant été largement utilisé. La feuille d'étain est fournie en rouleaux contenant plusieurs mètres de feuille de la largeur requise pour le condenseur à fabriquer. De même, des rouleaux de papier sont fournis, dépassant cependant en largeur ceux d'une feuille d'étain. Ces rouleaux sont disposés sur des broches horizontales devant une broche vide, ou mandrin, sur laquelle le condenseur doit être formé. Quelques tours de ruban de papier sont faits autour du mandrin, puis la feuille est avancée et quelques tours effectués, puis suit un tour de ruban de papier et un autre de papier d'aluminium, et enfin une couche de papier; et le mandrin étant mis en rotation, les couches alternées de feuille et de papier sont posées et enroulées l'une autour de l'autre sur le mandrin jusqu'à ce que la quantité requise soit obtenue. Il devient alors facile de couper les extrémités du papier de sorte qu'aucun contact n'est possible entre les couches de feuille. Le tout est glissé du mandrin, fixé par une ou deux bandes de caoutchouc, placé dans un bain de paraffine chaude, et laissé à saturation alors qu'il est encore chaud et avant que la paraffine n'ait le temps de durcir; le cylindre est placé sous une presse et pressé à plat, chassant l'excès de paraffine et laissant le condenseur dans une forme pratique à manipuler. Des connexions sont ensuite faites aux feuilles d'aluminium, et une caisse en bois ou en métal complète le travail.

Il n'y a aucune raison pour laquelle une feuille d'aluminium ou une feuille de plomb, ou, en fait, une tôle mince ne doit pas être utilisée dans les condenseurs. Dans le travail téléphonique, le papier recouvert de peinture dorée a été essayé, et fonctionnait assez bien, mais était finalement rejeté en faveur de la feuille d'étain. Dans certains cas, lorsque l'on souhaite construire un condenseur pour un travail à fort potentiel, l'appareil à réservoir d'huile peut être utilisé. Celui-ci est facilement fait de toutes les dimensions souhaitées, comme suit: Procurez-vous un bocal en verre carré, tel qu'il est fait pour les batteries de stockage, quelques morceaux de tôle coupés pour tenir librement dans le bocal, des tiges de verre et suffisamment d '«huile de transformateur» propre ou de l'huile de paraffine lourde pour remplir presque le pot. Les feuilles de métal peuvent ensuite être suspendues des tiges de verre dans le pot, séparées d'un demi-pouce, et l'huile versée. Deux assiettes, d'environ 8 pouces sur 6 pouces, accrocheront bien dans un type D ^{3}Pot de batterie au chlorure, qui mesure 7⅞ pouces de long sur 9½ pouces de haut sur 3¼ pouces de large. La modification des distances relatives entre les plaques donnera un ajustement considérable à ce condenseur simple, ou, si on le souhaite, plus de plaques peuvent être insérées et connectées, comme dans les condenseurs à feuille d'étain. Ce type peut être rendu portable, mais il n'est pas recommandé sauf si une objection est faite à la vidange et au remplissage du pot avec de l'huile.

CONDENSEURS REGLABLES.

Lors du fonctionnement de grandes batteries, il est pratique de pouvoir faire varier la capacité du condenseur sur le circuit primaire. Faire un condenseur réglable ne présente pas plus de difficulté qu'un condensateur non réglable, simplement plus de travail. Par exemple, le grand condenseur utilisé avec la bobine d'allumage de 6 pouces peut être divisé en quatre sections, contenant 2000 pouces carrés, 500 pouces carrés, 300 pouces carrés et 200 pouces carrés de surface (voir Fig. 34). Les fils partant des extrémités des feuilles d'aluminium CC doivent être amenés aux plaques en laiton GG. Les tiges en laiton BB sont reliées par des bornes de liaison à la bobine, chaque bande étant bien isolée de sa voisine. Toute combinaison est possible par l'insertion de bouchons en laiton dans des trous percés entre les bandes. Les fiches doivent être suffisamment larges pour assurer un bon contact sur chacune des deux bandes entre lesquelles ils sont insérés et doivent être tournés conique. Avec les plus grandes bobines, le condenseur et le disjoncteur de contact sont généralement montés séparément et sont entièrement réglables.

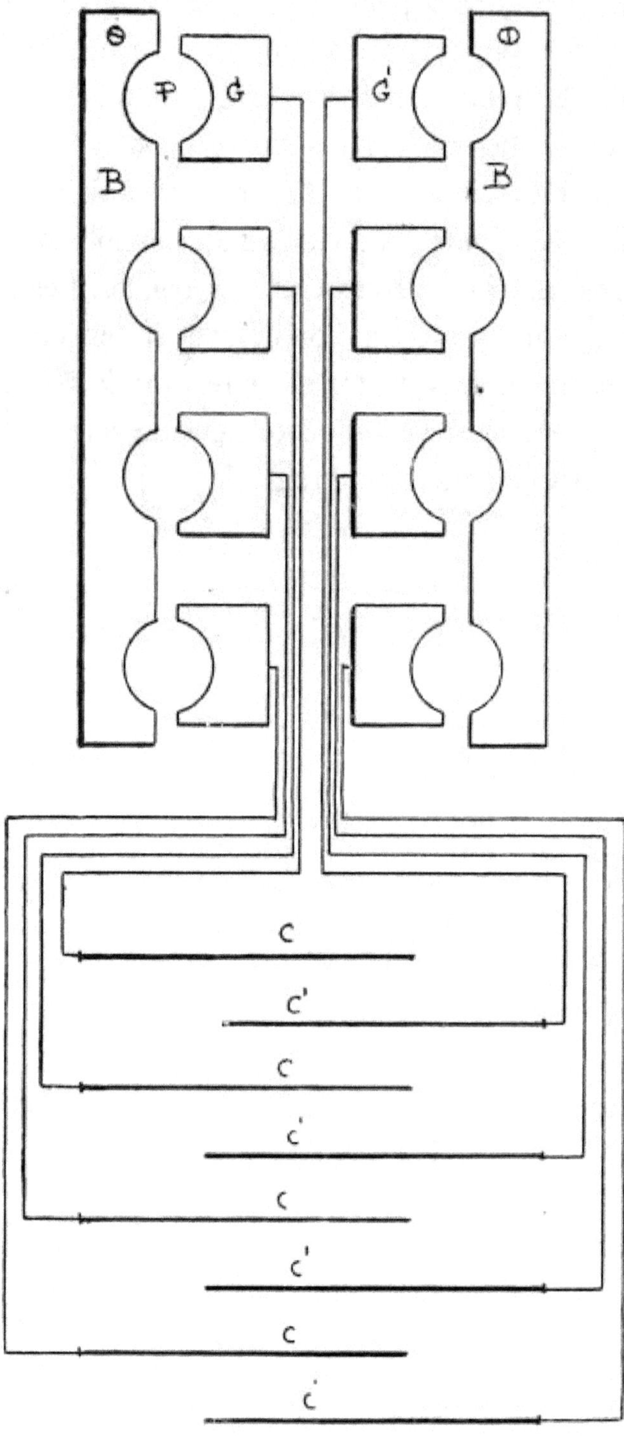

FIG. 34.

119

CAPACITE INDUCTIVE SPECIFIQUE.

Air sec	1 000
Soufre	2,590
Caoutchouc dur	2,290
Paraffine	1,996
Gomme laque	2.750
Kérosène	2,225
Huile de paraffine	2,710
huile de castor	4,962
Huile d'olive	3,575

Les condensateurs fabriqués avec un diélectrique de haute capacité inductive (isolation étant égale) conserveront une charge plus élevée que ceux fabriqués avec des diélectriques de faible capacité inductive. Ainsi, celui fait avec de la gomme laque serait presque deux fois moins bon qu'avec de la paraffine.

La capacité d'un condenseur augmente avec la surface de la surface de la feuille, avec la distance réduite entre les plaques de feuille et avec l'augmentation de l'isolation.

CHAPITRE V: EXPÉRIENCES.

Les effets lumineux qui peuvent être obtenus au moyen d'une bobine de Ruhmkorff sont extrêmement beaux et instructifs. L'expérience la plus simple de cette nature est la production de l'étincelle consécutive au rapprochement des électrodes fixées à la bobine secondaire. Cette étincelle peut varier à la fois en longueur, en intensité ou en forme par la forme et la nature des substances entre lesquelles elle est autorisée à passer. Attachez à chaque extrémité du déchargeur une fine aiguille en acier et rapprochez-les jusqu'à ce que l'étincelle saute de l'une à l'autre. Une longue et fine étincelle passera, qui, cependant, semble essayer de prendre un chemin autre que droit à travers l'entrefer. La curieuse distorsion, comme dans un éclair, est attribué au fait que des particules de matière flottant dans l'air conduisent le courant mieux que l'air pur. La curieuse odeur observée dans ces décharges, comme en fait, dans le fonctionnement de tout appareil à haute tension, est l'ozone-O_3, oxygène triatomique. Ce gaz, si perceptible après un orage, a un effet puissant sur les muqueuses de la gorge et des voies nasales, et doit être inhalé avec précaution. Il est utilisé par le corps médical pour la destruction des germes et pour le service thérapeutique général.

Remplacez les aiguilles par des morceaux de fil de fer fin et rapprochez les extrémités d'environ un quart de la distance parcourue par l'étincelle normale. L'étincelle se révélera avoir changé d'apparence, étant maintenant épaisse et plus rouge, ou plutôt d'un jaune foncé, et possédant de vastes qualités de chauffage.

Le fil de fer fondra à une électrode, et si l'autre est examiné, il sera par122compris qu'il n'est même pas devenu chaud. Le fil froid sera celui connecté au pôle positif de la bobine.

La connexion des pôles avec un morceau de fil de fer très fin entraînera la déflagration du fil dans une lumière vive.

L'étincelle courte et épaisse est appelée l'étincelle calorifique et on pense qu'elle possède sa couleur jaune due à la combustion du sodium dans l'air. Cette étincelle enflammera facilement un morceau de papier tenu sur son passage.

Prenez une feuille de caoutchouc dur et respirez à sa surface; posez un fil de chaque pôle du secondaire à des points sur la feuille, environ deux fois plus éloignés que l'étincelle passerait dans l'air. Le courant électrique s'efforcera de compléter son circuit; des flux de lumière violette formant un réseau parfait sortiront de chaque pôle, jusqu'à ce que, à condition que le caoutchouc soit suffisamment humide, ils s'unissent en une étincelle dépassant de loin sa longueur normale dans l'air. Il est curieux de voir comment les flux partent de ces deux points, et avec quelle persistance ils s'efforcent de se rencontrer. Dispersez du carbone finement en poudre sur cette feuille (un crayon de plomb écrasé ou du carbone électrique léger est un bon matériau). Les points peuvent maintenant être supprimés vers des endroits encore plus éloignés, et pourtant le courant fonctionnera à travers. Chaque particule de carbone semble être pourvue d'innombrables diamants scintillants, tant cet effet est étincelant.

Le caoutchouc dur n'est pas absolument nécessaire pour ces expériences; le verre fera l'affaire, mais le fond noir du caoutchouc intensifie la luminosité des décharges. Prenez une cuillerée à café de poudre de carbone et dispersez-la entre les points sur le caoutchouc, de sorte que l'étincelle puisse trouver un chemin prêt, mis en évidence par peu de lumière visible. On verra que cette poudre est soufflée d'une électrode après quelques minutes, laissant celle-ci au centre d'un espace libre, mais à l'autre électrode peu perturbée.

Rapprocher les points les uns des autres que l'étincelle devient courte et grasse; bientôt le carbone commencera à brûler, formant un véritable arc lumineux. Prenez deux crayons à mine pointus et enroulez quelques tours de fil des électrodes autour de leurs extrémités émoussées; rapprochez les extrémités pointues, et un arc sera bientôt établi; mais à divers points où le fil est enroulé, le courant brûlera à travers le bois et un certain nombre de points incandescents s'ensuivront.

Dans ces expériences sur la feuille de caoutchouc, on remarquera que l'étincelle agit comme elle le fait dans l'air, dans la mesure où elle ne prend pas de chemin direct, mais saute en une piste irrégulière d'un point à un autre.

Si deux petites billes métalliques sont substituées (Fig. 35) aux points entre lesquels passent les étincelles, on notera que les étincelles ne traversent pas un entrefer aussi grand qu'avant, ni même aussi rapidement.

L'étincelle entre deux boules est beaucoup plus bruyante que celle passant entre les points, et si les boules mesurent environ 1 pouce de diamètre, un effet curieux s'ensuit sur le passage du courant (Fig. 36). Cet effet a été comparé à un courant d'eau sortant d'une buse horizontale dans une cavité lorsque la buse est déplacée lentement de haut en bas dans l'espace de quelques pouces.

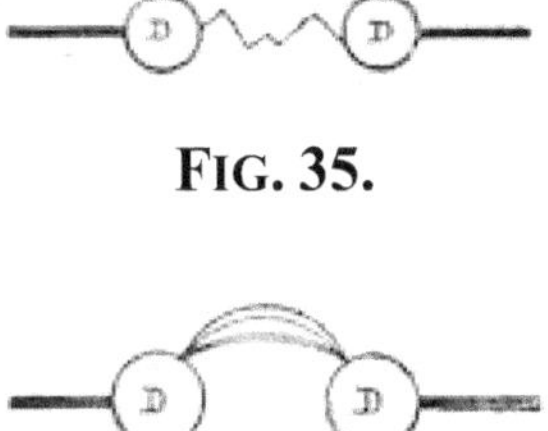

FIG. 35.

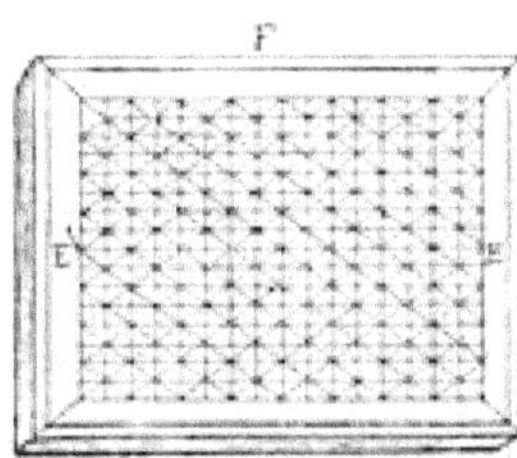

FIG. 36.

LE VOLET LUMINEUX.

FIG. 37.

Cette exposition facile à réaliser (Fig. 37) est celle qui est susceptible d'un certain nombre d'applications. Dans sa forme simple, ce n'est qu'une version agrandie de la feuille de caoutchouc parsemée de poussière de carbone. L'ancienne façon de le faire était de prendre une plaque de verre et de cimenter sur une face de celui-ci une feuille d'aluminium, en utilisant de préférence un vernis shellac. Une fois sec, le papier d'aluminium a été marqué à travers de manière à le diviser en petits carrés ou diamants. Quand le courant était appliqué à chaque extrémité de l'assiette, l'étincelle se divisait en d'innombrables petits; entre chaque morceau de papier d'aluminium et ses voisins, il y aurait beaucoup de petites étincelles, et l'effet était très joli, un peu comme cela a été décrit précédemment lorsque la poussière de carbone était répandue entre les électrodes. Il est plus facile et plus rapide de le préparer en donnant à une feuille de verre une couche de vernis shellac, puis en dépoussiérant avec parcimonie tout conducteur en poudre sur sa surface, en utilisant peut-être de la poussière de carbone ou de la limaille de métal. En découpant un pochoir dans un morceau de carte mince et en le plaçant sur la plaque scintillante, le dessin se révèle très frappant, et divers modèles de pochoirs peuvent être préparés, différents conducteurs en poudre donnant des étincelles de couleurs différentes.

Un long tube de verre humidifié à l'intérieur avec du mucilage ou du vernis à la gomme laque et ensuite secoué de la poussière conductrice donnera également un effet assez agréable.

DESIGNS LUMINEUX.

Enduire un côté d'une plaque de verre avec du papier d'aluminium, en laissant une bande attachée pour la connexion. Shellac un morceau de papier d'une taille correspondant au dessin à rendre lumineux. Lorsque la gomme laque a séché au point de devenir «collante», posez une feuille de papier d'aluminium dessus et appuyez dessus uniformément.

Ensuite, dessinez sur le papier un motif qui peut être facilement découpé. Utilisez une paire de ciseaux ou un couteau très tranchant. Dans ce dernier cas, posez la feuille sur un morceau de verre; mais il y a une plus grande tendance à déchirer le dessin quand un couteau est utilisé si une main inexpérimentée l'utilise.

Cette conception peut être collée sur le côté uni de la plaque de verre avec du vernis ou simplement posée (Fig. 38). Connectez un fil secondaire au revêtement en aluminium de la plaque et l'autre à la conception. Ceci doit être montré dans l'obscurité, et la luminosité ne sera pas frappante jusqu'à ce que les yeux s'habituent à la128 l'obscurité - c'est-à-dire lorsque la pièce a été préalablement éclairée.

L'un des phénomènes de décharge à haute tension les plus beaux et les plus faciles à obtenir est la "brosse électrique" (Fig. 39). Cela se produit lorsque les électrodes secondaires de la bobine sont trop éloignées pour permettre le libre passage de l'étincelle, et ne peuvent être vues à son meilleur que dans un endroit parfaitement sombre. Les bouts de boule mentionnés précédemment montrent cette brosse très clairement, ou deux feuilles de papier d'aluminium dans le circuit assez éloignées l'une de l'autre pour éviter que des étincelles vives ne provoquent cette décharge dite "silencieuse". Ce dernier arrangement ne doit pas être utilisé pendant plus de quinze minutes, car l'ozone qui est libéré en grande quantité affectera les personnes se trouvant à proximité.

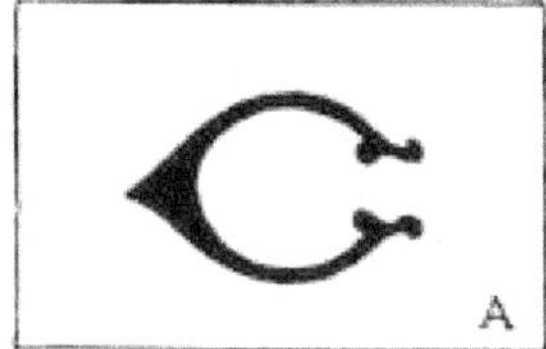

FIG. 38.

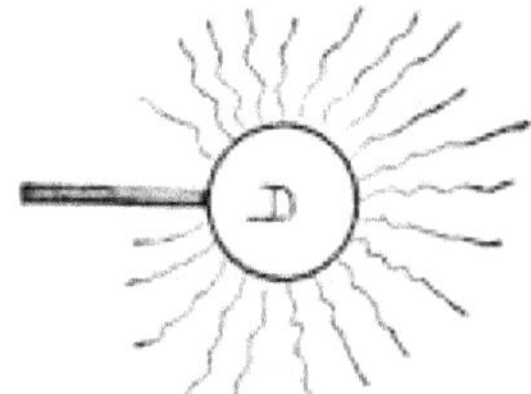

FIG. 39.

En effet, lorsqu'un vibrateur rapide est utilisé avec la bobine, les fils conducteurs des bornes secondaires présentent cet aspect de brosse, les curieux fils de lumière ressemblant à des poils lumineux ondulant dans l'air. Plus les vibrations sont rapides, plus l'effet de brosse est important, comme on le verra dans les bobines Tesla. La bille positive du déchargeur montre la brosse comme une masse étalée de fils lumineux tendant vers la bille négative, qui ressemble à une étoile, comme sur la figure.

Le pouvoir fortement perturbateur de la longue étincelle est facilement démontré par son pouvoir de perforer les substances, mais il faut faire très attention à ce que les fils secondaires d'une bobine soient éloignés du corps de la bobine. Un bon plan est de suspendre deux cordons de soie ou de gros fils au plafond, auxquels les fils secondaires peuvent être attachés et gardés en vue lors de l'expérimentation à n'importe quelle distance de la bobine.

Pour percer un morceau de verre fin, prenez-en deux des morceaux de paraffine de la taille d'une noix et, en les réchauffant ainsi que la feuille de verre, collez-les sur les côtés opposés du verre face à face. Réchauffez ensuite les extrémités des deux fils pointus et enfoncez-les dans les grumeaux de paraffine, qu'ils terminent sur la surface du verre directement en face de l'autre. En les connectant à la bobine secondaire, quelques impulsions au disjoncteur de contact déclencheront une décharge électrique suffisante pour percer le verre si l'épaisseur est proportionnée à la puissance de l'appareil. La grande bobine Spottiswood a percé un bloc de verre de 6 pouces d'épaisseur.

Il existe cependant un certain élément de danger pour l'isolation secondaire lors de la réalisation de cette expérience.

CHAPITRE VI: ANALYSE DU SPECTRE.

Si un métal ou le sel d'un métal est brûlé dans une flamme, il donne à la flamme une couleur distinctive; le sel de table jeté dans le feu brûle avec une flamme jaunâtre, indiquant la présence de sodium, et une teinte verdâtre, indiquant la combustion du chlore. Les flammes violettes accompagnent la combustion des sels de potassium et le baryum brûle en vert. Le lithium et le strontium donnent une teinte rouge. Mais pour être ordinairement perceptibles, les sels doivent pour la plupart être présents en quantités considérables. En utilisant le spectroscope, cependant, des proportions extrêmement faibles de ces métaux et sels peuvent être facilement détectées et classées.

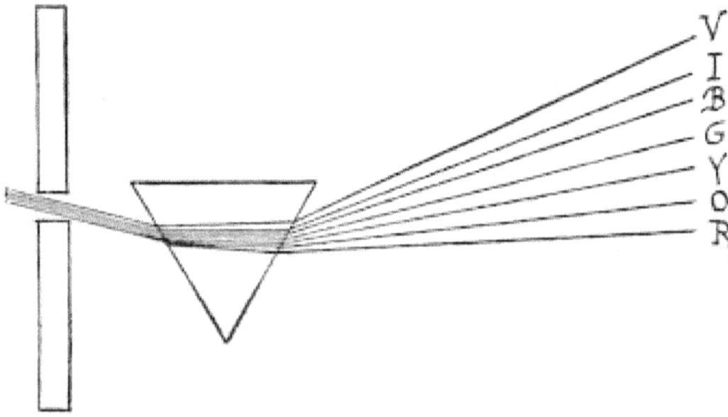

FIG. 40.

Si un faisceau de lumière est transmis à travers un prisme de verre, les rayons sont décomposés et ce que l'on appelle un spectre se forme (Fig. 40). Le spectre le plus généralement observé est l'arc-en-ciel. Lorsque la lumière d'une flamme dans laquelle brûle une substance appropriée est transmise à travers le prisme, la couleur qui prédomine dans la flamme prédomine dans son spectre. La combinaison d'un prisme et de tubes pour observer ces effets est un spectroscope (Fig. 41). L'étincelle courte et grasse de la bobine de Ruhmkorff est la plus utile dans ce travail. Les électrodes sont fournis avec une partie de la substance à examiner, et l'étincelle est passée et observée à travers le spectroscope.

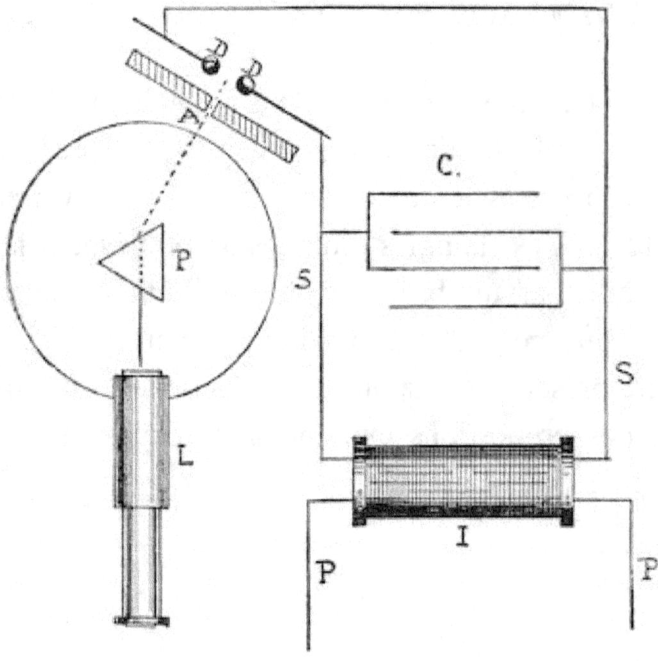

FIG. 41.

Le spectroscope est représenté en relation avec la bobine sur la Fig. 41. *A* est l' ouverture dans l'écran à travers laquelle passent les rayons du métal brûlant au niveau des billes de décharge *DD* . La lentille en *L* permet de visualiser ces rayons après qu'ils ont été décomposés par le prisme *P* qui, ainsi que la lentille, peut être tourné. *I* est la bobine, *PP* le primaire et *SS* les fils secondaires, *C* étant un condenseur ponté à travers le circuit.

L'écran doit être percé d'une ouverture très étroite, *A* , et être placé à une distance considérable du prisme *P* , afin que les rayons sortant à travers l'ouverture ne puissent pas frapper le prisme tant qu'ils n'ont pas largement divergé et se sont séparés les uns des autres. L'ouverture est pratiquement formée de bords de couteau parfaitement parallèles, formant une fente n'excédant pas un centième de pouce de largeur.

Les espaces colorés du spectre solaire n'occupent pas une superficie égale; la violette est la plus étendue, l'orange la moins. La proportion est en trois cents parties: violette, 80; vert,135 60; jaune, 48; rouge, 45; indigo, 40; orange, 27.

Les rayons solaires présentent à un examen attentif des lignes sombres traversant le spectre perpendiculairement à l'ordre des couleurs, et occupant toujours les mêmes positions relatives. Ce sont les lignes de Fraunhofer.

Si, cependant, les spectres des métaux, des gaz et d'autres éléments sont examinés, ils s'avéreront présenter certaines raies *brillantes* caractéristiques , le corps du spectre étant souvent faible ou entièrement sombre. Le spectre de l'hydrogène donne deux raies très brillantes de rouge et d'orange.

Une quantité extrêmement infime d'un élément est nécessaire pour donner des lignes distinctes. Le sodium donne une seule ou double ligne de lumière jaune dans une position correspondant à celle des rayons orange dans le spectre solaire.

Le potassium donne une ligne rouge à l'extrémité rouge et une ligne violette à l'extrémité violette du spectre solaire. Strontium présente huit lignes lumineuses; le calcium donne principalement une large bande verte et une bande orange vif.

Dans le travail pratique avec le spectroscope, un spectre solaire est souvent arrangé pour qu'il puisse être utilisé comme une comparaison avec le spectre étudié, un spectre étant formé au-dessus de l'autre, et l'observation faite pour savoir quelles lignes coïncident. Le fer donne près de soixante lignes lumineuses coïncidant avec le même nombre de lignes sombres du spectre solaire.

Les rayons violets du spectre solaire sont les rayons qui possèdent l'action chimique maximale, le jaune l'effet lumineux maximal, le rouge l'effet chauffant maximal. Au-delà de la bande violette du spectre existent certains rayons appelés rayons invisibles ou rayons ultraviolets, qui en eux-mêmes ne sont pas lumineux. Leur taux vibratoire est plus élevé et leur longueur d'onde plus courte que les rayons violets, selon la théorie de la lumière la plus généralement acceptée. Ces rayons, lorsqu'ils sont passés à travers certaines substances subissent un changement et deviennent visibles dans un état lumineux de la substance, dont la luminosité est appelée fluorescence.

La raie jaune vif du sodium dans les rayons orange se retrouve dans presque tous les spectres, en raison de sa large diffusion dans l'atmosphère.

Tesla a réussi à produire des ondes électriques d'une longueur proche de celles de la lumière blanche, qui semblent avoir très peu de chaleur. La lumière idéale est celle qui ne montre aucune chaleur et ne libère pas de gaz nocifs dans l'air, et sans sa faible luminosité, la lumière de l'étincelle électrique passant à travers un vide d'acide carbonique se rapprocherait le plus de cela.

Le mode actuel d'obtention de la lumière - celui d'élever à une température élevée une substance ou un ensemble de particules - semble certainement quelque peu dépassé. Les notes suivantes peuvent être utiles et utiles dans les recherches portant sur la question de l'éclairage.

Les corps solides, lorsqu'ils sont chauffés, montrent une lueur rouge à la lumière du jour à une élévation de température correspondant à 1000 ° Fahr.

Température, degrés F.	Couleur de la substance.
1000	Rouge.
1200	Orange.
1300	Jaune.
1500	Bleu.
1700	Indigo.
2000	Violet.
2130	Toutes les couleurs, *c'est* -à- *dire le* blanc.

Le nombre de vibrations par seconde nécessaire à la production de lumière, et la vitesse de la lumière étant déterminées, le calcul des longueurs d'onde des rayons colorés devient possible.

Le tableau suivant (Sprague) montre cela en dix millionièmes de millimètre (un millimètre = 0,039 pouce) mesuré dans les lignes sombres du spectre solaire, du rouge au violet:

BOBINES À INDUCTION

Orange =   6,88

Orange, plus haut =   6,56139

Jaune =   5,89

Vert =   5,26

Bleu =   4,84

Bleu, plus haut =   4,29

Violet =   3,93

CHAPITRE VII: COURANTS DANS VACUO.

Bien qu'il nécessite un potentiel extrêmement élevé pour permettre au courant de sauter un espace d'air de 1 pouce, le même potentiel produira une décharge lumineuse à travers des tubes de verre épuisés totalisant 8 pieds ou même plus.

Mais l'épuisement peut être poussé si loin qu'il n'y a pas de décharge apparente; et, au contraire, de l'air à une pression aussi élevée que 600 livres par pouce carré résistera au passage de l'étincelle sur un espace extrêmement court. Si les tubes sont remplis de divers gaz puis partiellement épuisés, la longueur du tube à travers lequel la décharge lumineuse passera varie avec le gaz, devenant plus courte dans la suite ordre: Hydrogène, azote, air, oxygène et acide carbonique - le plus court.

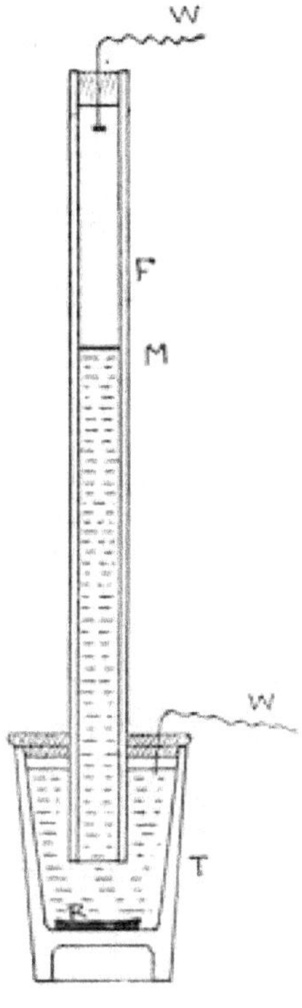

FIG. 42.

Avant de détailler certains des phénomènes les plus frappants liés aux décharges à haute tension sous vide, une description de quelques formes de pompes à air mercuriel simples sera utile.

Fig.42: Si un tube en verre, F, arrêté à une extrémité, 3 pieds de long ou plus, est rempli de mercure et l'extrémité ouverte immergée dans un récipient de mercure, T, la colonne de métal dans le tube coulera jusqu'à ce qu'elle atteint une hauteur, M, d'environ 30 pouces, variant selon l'état de l'atmosphère.

L'espace entre la colonne de mercure et le haut du tube sera un assez bon vide. Ce fait a été noté de nombreux il y a des années, et l'évolution progressive de la pompe à air mercurielle basée sur ce résultat peut être suivie dans les articles sur la pompe à air mercurielle de Silvanus P. Thompson, lus devant la Society of Arts, Angleterre, il y a quelques années.

Geissler, le premier fabricant du "Geissler" ou tube à vide pour la recherche électrique, voyant l'inconvénient de l'opération décrite ci-dessus et les maigres résultats obtenus, a inventé la pompe appelée par son nom (Fig. 43).

FE est un tube en verre robuste d'environ 3 pieds de long, ayant une ampoule, B, à son extrémité supérieure, et un tube en caoutchouc, S, attaché à l'extrémité incurvée. Un réservoir de mercure, R, se connecte à ce tube en caoutchouc, et un robinet en verre spécial est fixé à l'extrémité supérieure du tube en verre en E, au-delà duquel le robinet est le point de fixation de l'objet à évacuer. Le fonctionnement est le suivant: En tournant le robinet une partie de la manière dont il permet un passage entre le tube FE et l'atmosphère. Le réservoir143 R est ensuite élevé jusqu'à ce que le mercure s'écoule dans l'ampoule et remonte le tube jusqu'au robinet. Le robinet est alors tourné d'une fraction, et la communication avec l'air est coupée et ouverte entre l'objet à évacuer et le tube FE. Le réservoir est ensuite abaissé et le mercure tombe, aspirant l'air de l'objet dans le tube. Le robinet est ensuite tourné comme à l'origine, et le réservoir R relevé, lorsque l'air aspiré dans le tube est expulsé par la colonne montante de métal. Cette opération, répétée plusieurs fois, retire presque tout l'air de l'objet - en fait, fait un assez bon vide. Cette pompe a été beaucoup modifiée par rapport à la forme simple décrite.

La forme de pompe la plus utilisée dans les usines de lampes aux États-Unis est basée sur l'application de l'action de piston d'une quantité de mercure tombant dans un tube. Ceci est connu comme la pompe Sprengel, d'après l'inventeur.

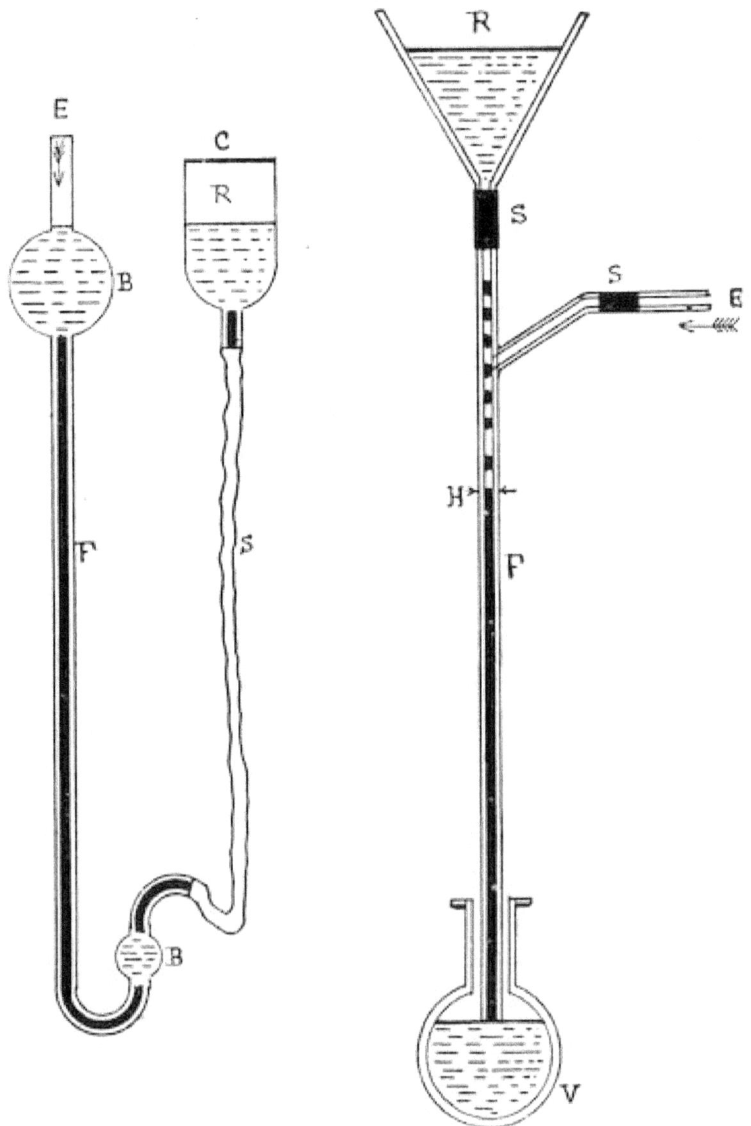

FIG. 43. FIG. 44.

Fig.44: F est un tube de verre robuste d'environ 40 pouces de long par un douzième de pouce de diamètre intérieur, portant l'entonnoir réservoir R en haut, un
morceau de tube en caoutchouc souple, S, pincé par un pinceur étant interposé
pour admettre la régulation des gouttes mercurielles. L'extrémité inférieure de
ce «tube de chute», comme on l'appelle, est immergée dans le mercure contenu
dans un récipient approprié, V, un tube de dérivation étant soufflé ou cimenté
dans le tube de chute pour admettre la connexion de l'objet à évacuer à E. S est

un autre morceau de tube en caoutchouc avec une régulation à pincement. Le point H est la hauteur barométrique normale du mercure - environ 30 pouces. Lors de la fixation d'une ampoule, par exemple, en E, et de la régulation du pinceur en haut du tube de chute F, une succession de gouttes de mercure tombe dans le tube, chaque goutte agissant comme un piston pour entraîner l'air devant elle, aspirant le même de l'ampoule et le forçant à travers le tube et le récipient dans l'atmosphère.

Lors de sa première mise en service, des coussins d'air entre les gouttes font taire leur chute; mais à mesure qu'un degré plus élevé de raréfaction se produit, les coussins d'air deviennent insuffisants et les gouttes tombent d'un clic brusque sur le haut de la colonne barométrique.

Un grand inconvénient de cette forme de pompe est la tendance à la fracture du tube de verre qui se manifeste par le choc des gouttes de mercure à la hauteur barométrique. Cependant, ceci a dans une certaine mesure été évité dans les formes ultérieures de cette pompe utile et efficace.

Pour de nombreuses expériences électriques, le simple tube d'échappement (Fig. 42) mentionné au début de l'article se révélera très satisfaisant. L'extrémité supérieure n'a pas nécessairement besoin d'être scellée avec du verre, un bouchon ayant un fil, W, traversé pour la connexion étant enfoncé, et une couche de paraffine ou l'un des ciments mentionnés dans un chapitre ultérieur doit être posé.

La deuxième connexion électrique est réalisée par un fil plongeant dans le culbuteur de mercure.

DÉCHARGES A VACUO.

Dans un simple tube de verre comportant deux fils porteurs de billes insérés par ses extrémités, dont l'air a été partiellement évacué, l'étude des changements mis en évidence par le passage de l'étincelle est extrêmement intéressante. Avant le commencement de l'épuisement, aucun effet lumineux ne peut être discerné; à un faible degré d'épuisement, une luminosité apparaît entre les extrémités des fils, le pôle négatif étant entouré d'une lueur violette et d'une plus grande décharge rouge en forme de poire provenant du positif. Un intervalle près de l'électrode négative est dans l'obscurité, s'élargissant à mesure que l'épuisement progresse. Lorsque le degré d'épuisement est très élevé, une série d'arcs concentriques à la boule positive apparaissent et deviennent plus larges et plus distinctes au fur et à mesure que la raréfaction progresse. Les arcs ou bandes sont appelés striés, L'aspirateur à gaz d'acide carbonique donne les meilleurs résultats. Si le doigt est placé sur l'ampoule à chaque extrémité une tache lumineuse apparaît, et en utilisant un disjoncteur de contact très rapide dans le circuit primaire, les décharges lumineuses deviennent très sensibles, étant détournées de leur trajet régulier à l'approche de la main, un aimant ou un fil mis à la terre. Un traitement prolongé de ces phénomènes serait déplacé ici, mais peut être trouvé dans presque tous les travaux complets sur l'électricité.

Si une ampoule de lampe à incandescence est tenue dans la main et qu'une extrémité est amenée près d'une borne de la bobine, une belle lumière bleuâtre apparaît. [2] Le filament de carbone, s'il est long et non tenu par sa boucle, s'électrifie et oscille, émettant souvent un son clair, aigu, semblable à une cloche lorsqu'il frappe le verre. Les particules de carbone déposées sur le verre lors de la combustion de la lampe, représentées à la lumière du jour comme un dépôt noircissant, présentent généralement de petites étincelles, comme des étoiles dispersées à l'intérieur du globe.

[2]Cela dépend du degré d'épuisement.

Un tube à vide phosphorescent s'il est tenu dans la main près d'une borne secondaire, ou même s'il est posé sur la table près de la bobine, et s'allumera assez brillamment si une extrémité est tenue contre une borne. Cette dernière méthode, cependant, est généralement peu pratique, car une certaine quantité de douleur physique résulte de l'écoulement dans la peau.

Différents gaz dans les tubes donnent des couleurs caractéristiques. Dans le gaz acide carbonique, la teinte verte blanchâtre prévaut; dans l'hydrogène, blanc et rouge; dans l'azote, jaune orangé. Les spectres caractéristiques sont donnés par les gaz dans les tubes, et peuvent être facilement examinés au spectroscope. Mais il y a parfois une légère variation de ces couleurs, dépendant des changements du courant.

Dans de nombreux tubes Geissler, une partie des ampoules est en verre d'uranium. Au passage de l'étincelle dans le tube ce verre brille d'une magnifique teinte vert émeraude. D'autres tubes sont construits avec un tube de verre enveloppant extérieur muni d'un orifice bouché dans lequel peuvent être versées différentes solutions.

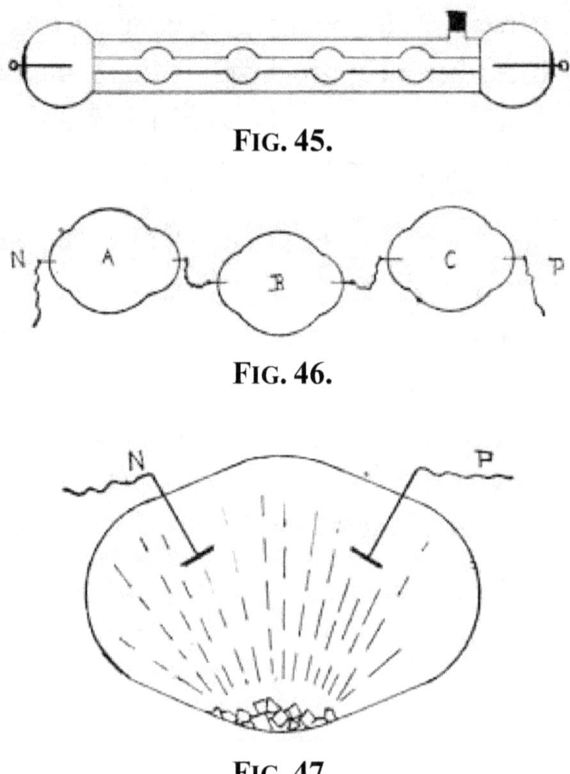

FIG. 45.

FIG. 46.

FIG. 47.

La figure 45 montre un tube de solution à remplir avec une solution de sulfate de quinine, etc.

La figure 46 montre trois tubes épuisés disposés en série.

A est en verre d'uranium et brille en vert foncé; *B* de verre anglais, montrant une teinte bleue, et *C* de verre allemand doux, brillant avec une teinte vert pomme brillante.

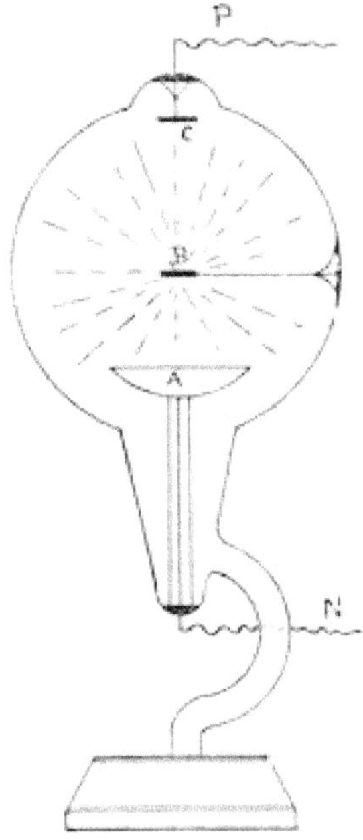

FIG. 48.

Les cristaux de nitrate de calcium, de nitrate d'argent, d'acide benzoïque, de tungstate de calcium, de lithia benzoate, de salicylate de sodium, de sulfure de zinc et d'acétate de zinc fluorescent.

La figure 47 est un tube très épuisé, ayant à sa partie la plus basse quelques morceaux de rubis. Lorsque le courant secondaire est activé à P et N, les rubis brillent d'un rouge riche brillant, comme s'ils brillaient à chaud.

La Fig.48 montre le tube présentant l'effet résultant de focaliser les rayons électriques sur un morceau de platine iridium-à B .

La coupelle A forme le pôle négatif; le disque métallique C , le positif.

En augmentant l'intensité de l'étincelle, le métal en B brille avec une brillance extrême et

CHAPITRE VIII: EFFETS ROTATIFS

Bien que les décharges lumineuses dans les tubes épuisés soient extrêmement belles, l'effet est cependant indescriptiblement amélioré lorsque les tubes sont tournés. L'étoile de Gassiot était le nom donné à la première exposition d'un tube rotatif transportant une décharge lumineuse, en raison du curieux phénomène résultant des interruptions de l'étincelle. Comme la rétine humaine est seulement capable de conserver une impression pendant une fraction de seconde, et comme le tube n'est que momentanément lumineux pendant le passage de l'étincelle, l'effet du tube tournant est celui d'une série de tels disposés comme les rayons d'un cercle, le nombre apparent, étant régi par la rapidité de rotation et le taux d'interruption du courant.

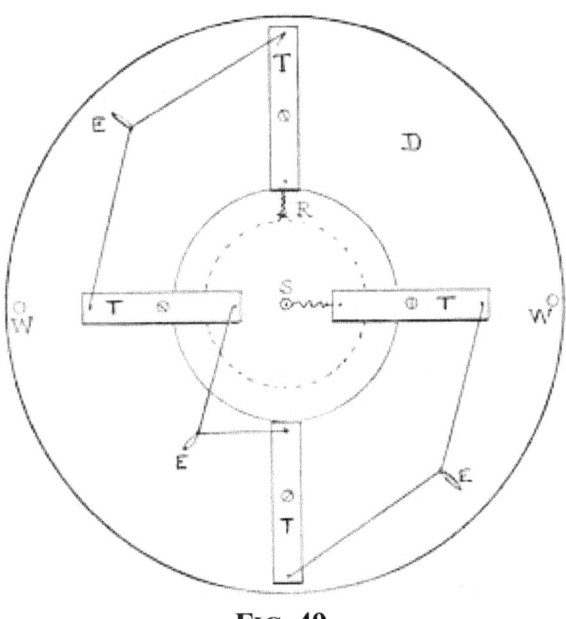

FIG. 49.

La figure 49 représente une forme de roue rotative qui est facilement fabriquée, et pourtant susceptible de nombreux effets nouveaux et attractifs. Une telle roue, placée dans une vitrine, attirerait sans aucun doute de nombreuses personnes par les belles variations de colored figures qu'il présente en mouvement. Et une fois qu'une foule est rassemblée et que son attention est attirée sur un seul endroit, les capacités de publicité des produits en vente sont apparentes.

Un carton ou un disque en bois léger D, de 3 pieds de diamètre ou plus, est monté sur un arbre, S, actionné par un moteur électrique ou une telle puissance qui peut être obtenue. Sur sa surface sont montés les porte-tubes $TTTT$, connectés, comme illustré, par des fils partant du secondaire de la bobine de Ruhmkorff. En partant de l'arbre S, le circuit se dirige vers le premier porte-tube, où la continuité du fil est rompue pour permettre la fixation du tube à vide. À partir du premier porte-tube, le fil passe à son tour à chacun des trois autres porte-tubes, se terminant à R, où il passe à travers un trou vers un anneau métallique à l'arrière du disque indiqué par le cercle en pointillé. Cette bague et l'arbre sont en relation avec la bobine secondaire, en raison de ses électrodes étant attachées à deux des brosses ou bandes de métal pressant, l'une sur la bague, l'autre sur la tige; ou le roulement dans lequel l'arbre tourne peut déplacer l'une des brosses. WW sont deux contrepoids, dont la roue peut fonctionner sans à-coups et ne pas être affectée par la distribution irrégulière des tubes ou de sa surface. *Les EE* sont des bandes élastiques, enroulées sur le fil et à travers des anneaux dans le disque, que les fils peuvent ne pas être susceptibles de toucher ou de court-circuiter.

La figure 50 est une vue agrandie d'un porte-tube, bien que, comme il s'agit uniquement d'un diagramme, une variation considérable de conception est autorisée. Les ressorts à HH, auxquels les fils courent, étant recourbés, les broches métalliques PP peuvent être poussées à travers les anneaux aux extrémités du tube, et l'élasticité et la pression du ressort le maintiendront en place et établiront le contact nécessaire. . Un bloc de bois, B, fixé à la face du disque, est pourvu d'une vis à oreilles, S, y fixant le porte-tube, au moyen de laquelle les porte-tubes peuvent être tourné un peu sur leurs axes et ainsi varier l'effet de la roue.

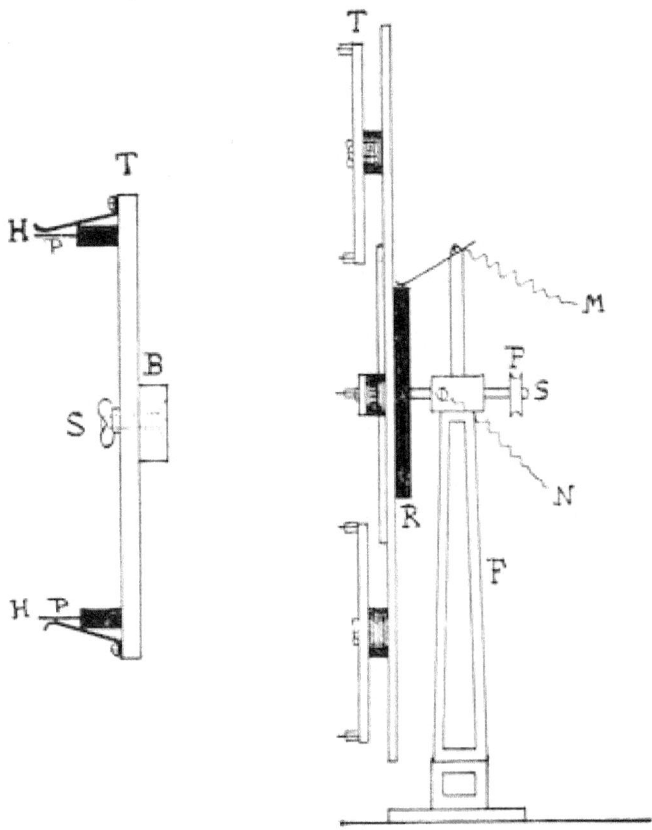

FIG. 50. FIG. 51.

La figure 51 est une vue latérale de la roue, montrant une manière de monter le disque et ses connexions. Les mêmes chiffres s'appliquent aux pièces que dans la figure précédente. *MN* sont les fils menant à la bobine, *P* est une poulie sur l'arbre grâce à laquelle la puissance rotative peut être appliquée. Les fils sur la face du disque ne sont pas représentés, car ils altéreraient inutilement la clarté du schéma.

Le plus grand danger dans le fonctionnement d'un tel appareil sera la tendance de l'étincelle à haute tension à errer là où elle n'est pas désirée et à emprunter des chemins courts mais interdits vers la bobine. Cependant, le soin et peut-être l'expérience prouveront le remède. On remarquera en se référant à la figure 49 qu'un cercle a été tracé presque en deux coupant deux des porte-tubes. Ce cercle représente un cercle de danger, et lorsqu'un matériau mince a été utilisé pour le disque, le disque peut très bien être renforcé par un morceau de carte plus solide cimentée sur sa face.

Le disque, qu'il soit en bois ou en carton, doit avoir un revêtement généreux de sulation, que ce soit du vernis shellac, de la paraffine ou de la cire d'abeille, et être absolument exempt de trous inutiles. De plus, la bague R doit être à une distance telle du support F, si celui-ci est métallique, cela évitera tout saut de l'étincelle. Une bobine de Ruhmkorff donnant plus de trois quarts de pouce d'étincelle sera suffisamment grande pour faire fonctionner une roue portant quatre tubes de 8 pouces.

La roue peut être en retrait dans une fenêtre et entourée de tissus sombres, ou intégrée, pour ainsi dire, dans une caverne de celle-ci. L'utilisation judicieuse de morceaux de miroir dispersés sur les côtés de la grotte, de manière à refléter la lumière des tubes, renforcera l'effet. Il n'y a pas de danger d'incendie lorsque des soins ordinaires sont utilisés, car la *longue* étincelle nécessaire à la production de la luminosité n'enflammera pratiquement rien d'autre que du gaz, à moins que cela ne soit spécialement prévu à cet effet.

La figure 52 est un triangle formé de trois tubes Geissler, et destiné à la rotation dans son ensemble. *Les MM* sont deux morceaux de mica ou de verre, pour éviter toute possibilité de saut d'étincelle et de court-circuit, auquel cas les tubes ne s'allumeraient pas.

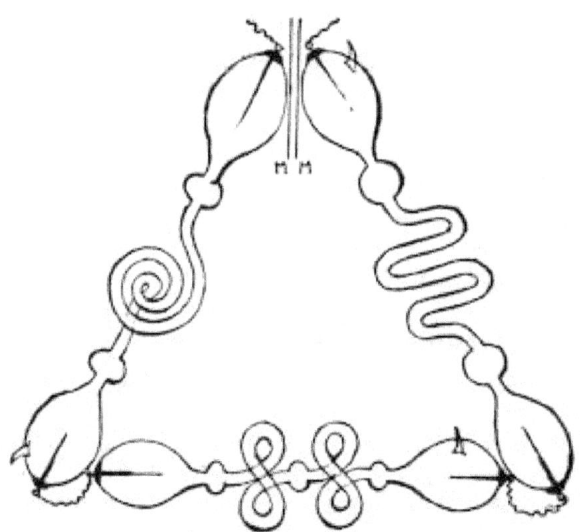

FIG.52.

Ce triangle est schématisé en *ABC* , Fig. 53, monté sur un disque rotatif isolé. Avant le début de la rotation, et lors de la mise sous tension des tubes, il en
résultera un simple triangle, mais à un certain stade de rotation, la croix mal-
taise représentée est formée. Un taux de rotation encore plus élevé produira une
étoile double, Fig. 54, et à mesure que la rotation et la vitesse de vibration du
disjoncteur de contact de bobine varient, une succession apparemment sans fin
d'étoiles ou de triangles semble se développer.

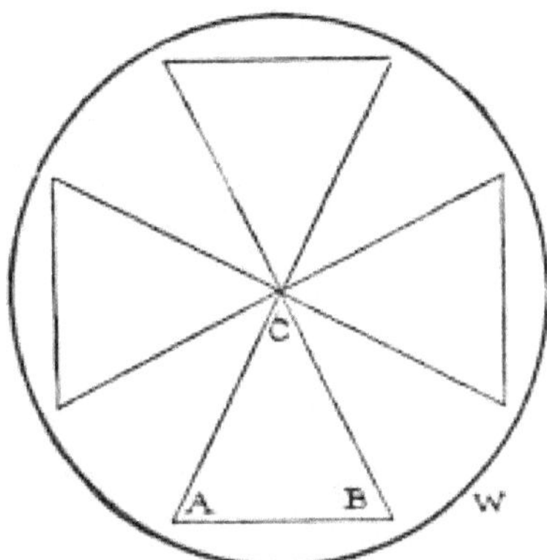

FIG. 53.

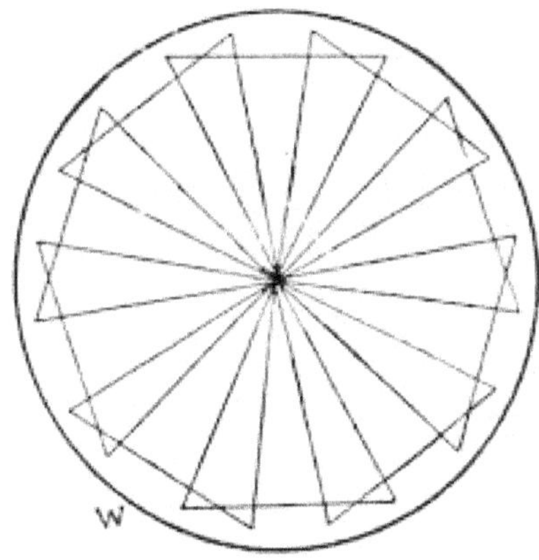

FIG. 54.

Bien que les Fig. 53 et 54 servent à illustrer un triangle de tubes et ses variations, un effet très joli et simple peut être obtenu avec celui-ci comme suit:
Trois bandes de miroir sont coupées et rayées sur leur surface argentée, comme
décrit pour la vitre lumineuse, Fig. 37. Le courant étant alors autorisé à passer,

et la roue étant tournée, le triangle agit comme dans les paragraphes précédents, multiplier et former des figures, extrêmement intéressantes à regarder.

Tout en traitant au sujet des attractions de vitrines, quelques suggestions sur un affichage de tubes Geissler stationnaires peuvent être faites. Partant de l'hypo- thèse que la plate-forme sur laquelle les marchandises seraient exposées est en bois, une très petite quantité de préparation est nécessaire. La plate-forme est recouverte d'un matériau sombre dépourvu de brillance, comme la flanelle can- tonale, sur laquelle les tubes sont posés selon n'importe quel motif fantaisie, ou peuvent être dispersés au hasard. Le fil nu fin (n ° 36 B. & S. n'est pas trop pe- tit) est acheminé de tube en tube, en prenant soin de ne pas se toucher de ma- nière à court-circuiter le courant. Il n'y a pas beaucoup de nécessité de recouvrir les fils, à moins que la vitesse de vibration du contact ne soit si rapide qu'elle montre la décharge de la brosse des brins de fil. tissu sombre, cachant tout sauf les ampoules. Les ampoules d'uranium ressembleront à des émeraudes; les bulbes jaunes, topaze; et le bleu, turquoise - certainement une collection très frappante de pierres précieuses. Quelques morceaux en forme de losange du verre revêtu de papier d'aluminium rayés à travers, par la blancheur des minus- cules étincelles aideront à mettre en valeur l'ensemble. La tenue n'est pas chère: une bobine donnant une étincelle d'un demi-pouce éclairera de quatre à six tubes à une grande brillance. Les tissus contenant des fils métalliques tissés ne doivent pas être utilisés, ni aucune des poudres métalliques connues dans le commerce sous le nom de "paillettes".

CHAPITRE IX: ÉCLAIRAGE AU GAZ.

Lorsque l'on souhaite allumer des grappes de jets de gaz situés à des endroits inaccessibles, ou plusieurs d'entre eux simultanément, ce procédé trouve une application facile. Il fonctionne dans la division d'une longue étincelle entre un certain nombre de brûleurs, le gaz étant allumé au niveau du principal et le circuit primaire d'une bobine de Ruhmkorff fermé et ouvert jusqu'à ce que la succession d'étincelles enflamme le gaz, Fig. 55. Il y a plusieurs formes commerciales de ces brûleurs, parmi lesquels le brûleur "Smith jump spark".

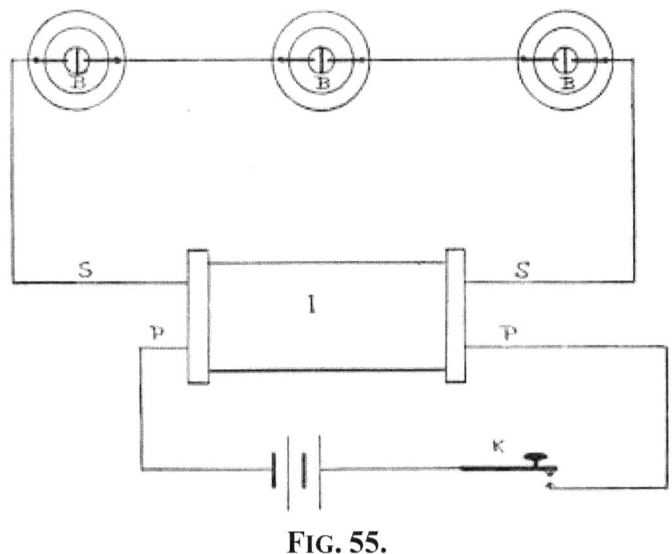

FIG. 55.

Une pointe de lave est munie d'une bride en mica ou en isinglass à mi-chemin entre la pointe et l'extrémité inférieure du brûleur. Cette bride isole les électrodes de toute possibilité d'étincelle s'écartant vers le pilier métallique dans lequel le brûleur est inséré. Le brûleur à plusieurs pointes de lave est destiné à être utilisé lorsqu'un brûleur très court est nécessaire, également pour les anneaux de flash à plusieurs lumières. Ici, les pointes sont placées suffisamment rapprochées pour s'enflammer par contagion. Dans ce cas, l'une des pointes communes est retirée de l'anneau et une pointe de lave multiple est remplacée. Il est habituel de laisser seize brûleurs jusqu'à un pouce d'étincelle. Plusieurs séries peuvent être actionnées en alternance au moyen d'un interrupteur approprié.

Le fil utilisé pour connecter les brûleurs est généralement en cuivre nu, et d'un diamètre aussi petit qu'il supportera son propre poids sans se blesser, la quantité de courant étant infinitésimale. Il s'appuie sur des boutons en porcelaine ou en verre vissés au mur ou au plafond, soigneusement planifiés pour éviter toute substance métallique vers laquelle l'étincelle pourrait être tentée de s'échapper. Dans le câblage des lustres, le fil passe à travers des tubes de verre partout où il y a une responsabilité de se rapprocher des tuyaux métalliques. Il y a un très grand danger de ce saut d'étincelle là où on ne veut pas, et le plus grand soin doit être pris dans la planification de la trajectoire que les fils doivent suivre. Même un mur humide causera des problèmes ou une corniche dorée, bien que cette dernière puisse être entièrement isolée du sol. Les bases des interrupteurs des groupes de circuits doivent être en caoutchouc dur, aucune responsabilité du saut d'étincelle, ce qu'il fera certainement si elle a une chance. Les fils isolés ordinaires ne sont pas protégés efficacement par les composés de caoutchouc utilisés. Le verre, le mica et, mieux encore, un grand entrefer sont les seules isolations qui serviront, car l'énorme potentiel ou tension du courant doit être soigneusement considéré chaque fois qu'une isolation est nécessaire. La bobine est mieux munie d'une clé à ressort dans le circuit primaire qu'un vibrateur, elle donne un meilleur contrôle du circuit et probablement une étincelle plus grande et meilleure.

ÉCLAIRAGE AU GAZ EN PLUSIEURS.

L'étincelle qui se produit au niveau du disjoncteur d'une bobine de Ruhmkorff est maintenue en échec par le condenseur; si aucun condenseur n'était utilisé, il posséderait des pouvoirs de combustion considérables. À l'aide d'une grande bobine primaire et de quelques cellules de batterie à circuit ouvert, cette étincelle est amenée à traverser le trajet d'un jet de gaz, qu'elle allume instantanément. Le disjoncteur se compose d'une pointe en platine, fixée sur la pointe de gaz, et d'un ressort en argent allemand, porté sur un levier, lequel est tiré à travers la pointe de manière à faire et à couper le circuit à l'orifice du brûleur. Certains brûleurs sont pourvus d'un agencement à cliquet, par lequel le fait de tirer le levier une fois allume et allume le gaz, le tirant à nouveau l'éteint; d'autres exigent que le gaz soit activé en premier.

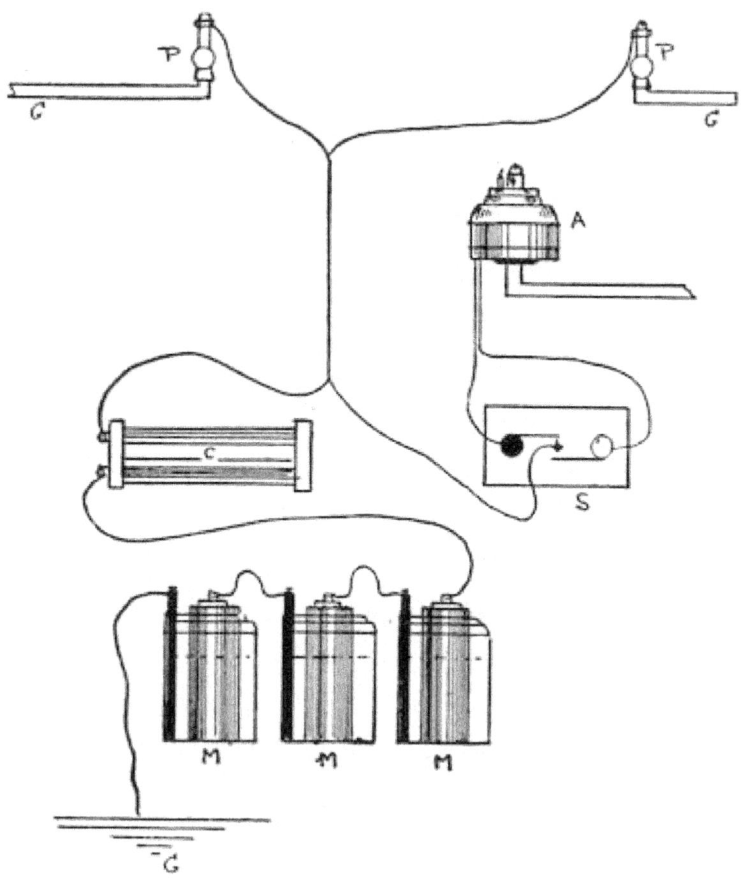

FIG.56.

La référence à la figure 56 montrera les connexions à deux brûleurs *PP* et à un brûleur automatique *A* , qui seront décrits ultérieurement. La bobine *C* est un noyau de fer doux, d'environ ¾ de pouce de diamètre et de huit à dix pouces de long, enroulé avec de deux à quatre livres de fil magnétique, n ° 12 ou 14 B & S. Un côté de la batterie va à la terre ou à la conduite de gaz, formant ainsi le circuit de retour. Le câblage sur les luminaires se fait avec du fil de gaz n ° 20 à 24 B & S, isolé avec quatre enroulements de soie ou de coton. Ceci est fixé au travail en laiton laqué au moyen d'un vernis shellac épais, il est169 attaché d'abord avec du fil, qui peut être facilement enlevé lorsque la gomme laque est sèche et dure. Le fil est maintenu sur le collier isolé du brûleur par un petit écrou et une vis, et il faut veiller à éviter toute mise à la terre. La mise en place d'un équipement d'éclairage au gaz est extrêmement simple, mais elle échoue souvent faute de soins. Il doit y avoir la meilleure isolation possible entre le fil et le métal.

BRULEURS AUTOMATIQUES.

Il existe plusieurs formes de ces brûleurs, mais le principe de tout est le même. Un brûleur à gaz fait saillie du haut d'un boîtier en laiton qui renferme le mécanisme d'actionnement. Ce mécanisme se compose de deux électroaimants, l'armature d'un ouvrant une vanne et permettant au gaz de s'écouler, faisant vibrer en même temps une tige à pointe de platine, qui produit une série d'étincelles à la pointe du brûleur. Ces étincelles enflamment le gaz et un deuxième aimant est prévu pour couper le flux de gaz, éteignant ainsi la lumière. Certains appareils utilisent un seul électroaimant pour l'éclairage ou l'extinction, mais la majorité sont à double aimant. Le circuit est travaillé à partir d'un bouton poussoir situé à n'importe quel endroit désiré, et ayant un bouton blanc et noir, l'un pour l'éclairage et l'autre pour l'extinction. Les principaux brûleurs automatiques sont le Holtzer, le Boston et le Bartholdi, entre lesquels il y a peu de choix, tant ils sont admirablement construits.

BRULEUR AUTOMATIQUE BARTHOLDI.

Au lieu d'un robinet d'arrêt rotatif, comme dans d'autres automatismes, une soupape à gravité est utilisée dans le Bartholdi, qui est maintenu à son siège par le poids de l'armature et de la tige de connexion, comme illustré à la Fig. 57. Lorsque le gaz est tourné la valve repose sur son siège, comme indiqué dans la découpe. Par une fermeture du circuit électrique au niveau du bouton de mise en marche, deux des hélices MP sont excitées, provoquant le soulèvement de l'armature J, ainsi, au moyen de la tige H, soulevant la vanne G de son siège en position pointillée , et ouvrir la voie de gaz de sorte que le gaz puisse émettre à la pointe, comme indiqué par les flèches. Dans le même temps, le haut de la soupape vient heurter l'extrémité du levier W, provoquant la rupture du circuit aux points d'étincelle *TU* , entraînant une étincelle continue tant que le doigt appuie sur le bouton. L'aimant lors de la remontée, l'armature l'a également tordue ou partiellement tournée, de manière à amener l'encoche *d* de l'armature au-dessus de l'extrémité du crochet *e* , comme représenté en pointillés. Lorsque le circuit est interrompu en soulevant le doigt du bouton, l'encoche tombe dans le crochet et la valve est verrouillée ouverte.

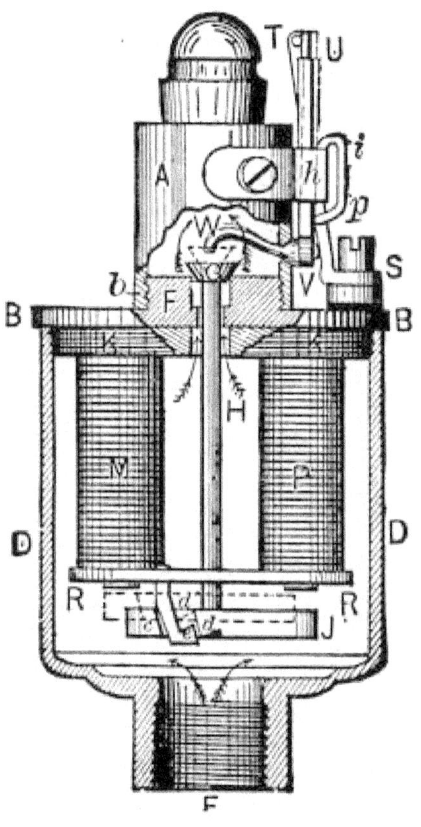

FIG.57.

Pour éteindre la flamme, le bouton d'arrêt est enfoncé, lorsqu'un deuxième aimant (non représenté en coupe) soulève l'armature et la tord dans la direction opposée, de sorte que lorsque le circuit est cassé, l'armature retombe librement dans sa position normale, en se fermant la valve.

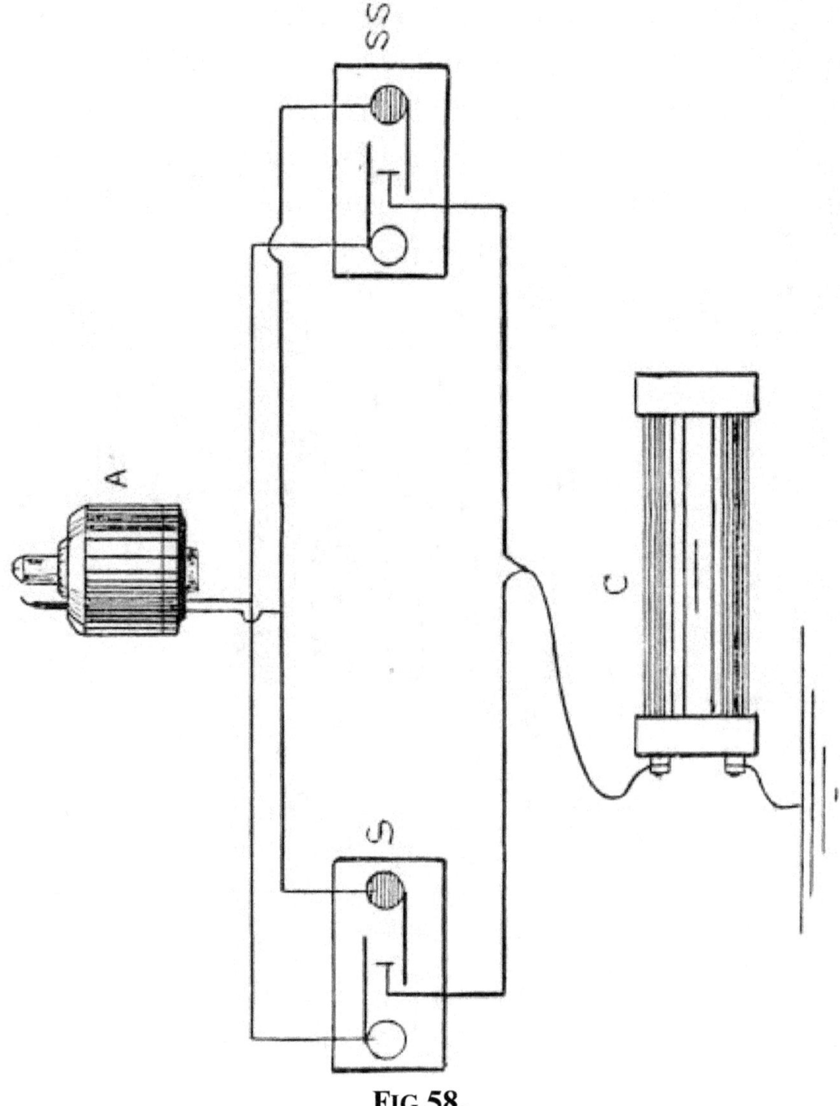

FIG.58.

Dans le câblage jusqu'à un brûleur automatique , il est nécessaire d'exécuter deux fils à elle, l' un du bouton blanc et un autre de bouton noir sur la plaque poussoir S . La référence à la figure 58 le rendra clair. La plupart des brûleurs sont fournis avec deux bornes de reliure à l'intérieur du boîtier en laiton, et les fils passent à travers un trou en caoutchouc dans la base. Si le poussoir a déjà été mis en position et câblé, conformément à la Fig.58, faites en sorte que les boutons soient pressés alternativement, en touchant les bornes de reliure en automatique avec les fils, la connexion d'éclairage ou d'extinction est facilement sélectionné. L'armature d'éclairage de la plupart des brûleurs automatiques bourdonne violemment, tandis que celle d'extinction ne frappe qu'une fois au contact. La figure 58 montre comment relier deux poussées à une automatique, une poussée, peut-être, étant située en bas et l'autre à l'étage dans le cas d'une lampe de hall. Lors de la mise en place de ces brûleurs, il faut veiller à ne pas plier les contacts ou à modifier le réglage, et une précaution absolue est nécessaire pour qu'aucune croix ou endroit faiblement isolé ne se trouve dans le circuit. Après avoir brûlé pendant un certain temps, il arrive souvent que le brûleur refuse de s'allumer, ne bourdonnant que faiblement ou pas du tout. Si faiblement, le problème est dans la batterie, qui devrait se composer d'au moins quatre ou six cellules de batterie à circuit ouvert avec une faible résistance interne, comme le cylindre de carbone Samson-Law, ou pour une utilisation occasionnelle de grandes cellules sèches.

Si aucun clic n'est entendu en appuyant sur le bouton blanc, examinez toutes les connexions; si vous ne trouvez toujours aucun problème, examinez la cassure de platine. La pointe en platine peut être pliée par le martèlement continu contre la pointe de platine sur la tige vibrante, empêchant le contact sur le collier, ou que de la suie s'y est formée. Ce sont les maladies les plus courantes des brûleurs automatiques et peuvent être facilement corrigées en réajustant la pointe en platine et en le nettoyant. Les contacts ici doivent être propres. Dans le câblage général, utilisez du fil de bureau étanche ou, mieux encore, du fil recouvert de caoutchouc; pour les luminaires, utilisez le fil de fixation avant décrit. Lorsque vous emballez le fil sur l'appareil, n'essayez pas de connecter les piles tant que la gomme laque n'est pas sèche et dure, par exemple pendant une demi-journée. L'éclairage électrique au gaz pose problème si le travail n'est pas bien fait. Une autre cause de problème peut provenir d'un brûleur sale ne permettant pas au gaz de frapper près du contact (nettoyer le brûleur), ou le contact portant le collier peut s'être déplacé, peut-être court-circuité; il doit être isolé avec une fine bande d'amiante. Bien que le plomb blanc au niveau des joints fasse un assez bon contact, certaines personnes préfèrent utiliser une feuille d'étain, un morceau de feuille étant travaillé autour du filetage de la vis et du brûleur vissé; il empêche les fuites ainsi que le plomb s'il est bien fait et permet un meilleur contact. Comme un court-circuit sur les fils provoquera la défaillance de tous les brûleurs, de nombreux dispositifs ont été inventés pour ouvrir le circuit lors d'une telle occurrence. Ceux-ci seront décrits dans les catalogues des magasins d'électricité; ils ne relèvent pas du domaine de ce livre pour la description.

CHAPITRE X: BATTERIES POUR BOBINES.

Lors du choix d'une batterie pour faire fonctionner la bobine, il en faut une qui fournira un courant constant important pendant une période considérable. Bien que le circuit primaire soit ouvert et fermé rapidement, la classe connue sous le nom de cellules à circuit ouvert ne convient pas, même si elles ont une faible résistance interne et produisent ainsi un courant important. De telles cellules ne conviennent que pour les utilisations pour lesquelles elles sont le plus souvent conçues, le travail de sonnerie ou d'annonciateur. Il existe un cas, cependant, dans lequel une cellule à circuit ouvert peut être utilisée avec une bobine d'induction, et c'est dans l'éclairage au gaz comme décrit précédemment; mais ici une douzaine d'impulsions de courant suffisent généralement, suivies de longues périodes de repos. Ces derniers fonctionnent les cellules couramment utilisées sont les Samson, les Champion et les Monarch, qui ont toutes une faible résistance interne et un grand pouvoir de récupération.

La raison pour laquelle ces cellules ne fonctionneront pas pendant de longues périodes est qu'elles se polarisent. Cette dernière action a lieu dans ces cellules à circuit ouvert, qui sont de type Leclanché comme suit: Une plaque positive de zinc est immergée dans une solution de chlorure d'ammonium (ou salammoniaque), et une plaque négative de carbone et de peroxyde de manganèse, contenue soit dans une coupelle poreuse, soit compressé en un bloc se trouve également dans la solution. On veille à ce que ces deux plaques ne se touchent pas. Lorsque le circuit extérieur est fermé, le zinc se combine avec le chlore de la solution libérant de l'hydrogène et de l'ammoniac libres. L'hydrogène apparaît sur la plaque négative, où il est agi par l'oxygène du peroxyde de manganèse pour former de l'eau.

Mais lorsque le circuit est de résistance trop faible, l'action oxydante du peroxyde de manganèse n'est pas assez rapide, et un film d'hydrogène, qui est un mauvais conducteur, se forme sur la plaque négative, augmentant la résistance interne de la cellule et mettant en place une action locale. Dans la meilleure classe de ces cellules à circuit ouvert, cet hydrogène est absorbé après un repos, et la batterie récupère et est à nouveau prête à fonctionner. Le circuit de la bobine de Ruhmkorff est bas et cette polarisation se produit toujours quelques minutes après le démarrage du disjoncteur.

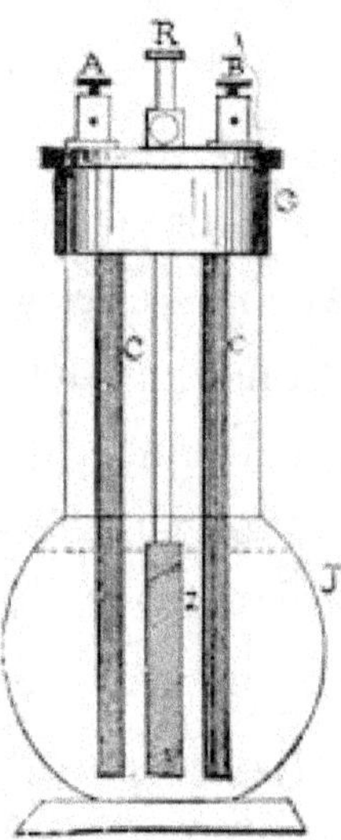

FIG. 59.

Dans la classe des cellules à circuit fermé, choisie pour le présent usage, le Grenet ou bouteille bichromate est l'un des plus pratiques pour une utilisation occasionnelle. Un pot en forme de bouteille en verre, J, Fig.59, est pourvu d'un capuchon en caoutchouc dur, G, sur lequel sont montés les bornes de liaison AB. Sur la face inférieure de ce capuchon sont fixées deux plaques de carbone CC, qui atteignent presque le fond du pot, étant reliées entre elles sur le capuchon par une bande de cuivre vernie, cette dernière étant à son tour reliée à un poteau de reliure. Par le centre du capuchon passe une tige de laiton, R, ayant attaché à son extrémité inférieure un morceau de tôle de zinc, Z, bien amalgamé avec du mercure. Ce processus de fusion consiste à nettoyer le zinc, puis à frotter sa surface avec un chiffon imbibé d'acide sulfurique dilué, et à verser quelques gouttes de mercure sur le zinc humide. Le mercure se répandra facilement sur le zinc, à condition qu'il ait été bien nettoyé, et s'il est correctement fait, il doit donner à la plaque de zinc un aspect brillant et brillant.

Lorsque la cellule n'est pas utilisée, le zinc est aspiré dans le goulot de la bouteille et serré par une vis de réglage contre la tige en laiton. Un ressort en cuivre pressé sur la tige sert à acheminer le courant vers la deuxième borne de liaison.

Cette cellule est originaire de France, d'où son nom, mais une forme moins chère est maintenant fabriquée aux États-Unis, connue sous le nom de Novelty Grenet. La forme de la jarre est quelque peu différente et le carbone est moulé, tandis que le carbone français est scié à partir du carbone déposé dans la cornue à gaz; mais la forme américaine est pratiquement aussi grande utilité que la forme française, et le coût le recommande.

Les solutions de bichromate sont affectées par la lumière et se détériorent moins elles sont conservées dans des cruches en grès. La batterie Grenet peut très bien être installée dans un boîtier en bois soigné, ce qui servira en outre à empêcher les chocs accidentels de fracturer le bocal en verre.

Les carbones qui sont utilisés dans les batteries contenant la solution ci-dessus doivent être bien lavés à l'eau chaude chaque fois que la solution est changée, et en particulier lorsqu'il est prévu de mettre la batterie hors service. Lorsque la solution acquiert une teinte résolument verte, elle doit être replacé avec frais. La force électromotrice de cette cellule varie de 1,90 à 2 volts, et l'ampérage dépend de la taille des plaques, allant de 5 ampères vers le haut.

Le bocal en verre est rempli jusqu'au début du goulot avec une solution de bichromate de potasse ou de sodium, appelé liquide électropoion, et préparé comme suit: à 1 gallon d'eau, ajoutez 1 livre de bichromate de sodium, en mélangeant dans un récipient en grès. Une fois dissous, ajoutez 3 livres d'acide sulfurique en un mince filet, en remuant lentement. Comme le mélange chauffe à l'introduction de l'acide, il faut veiller à verser lentement ce dernier. Cette solution ne doit pas être utilisée avant assez froid.

Le sel de sodium est préférable au potassium, du fait qu'il ne forme pas de cristaux d'alun de chrome, mais aussi du fait de son coût inférieur et de sa plus grande solubilité, cette dernière étant quatre fois supérieure à celle du sel de potassium. L'acide commercial utilisé doit contenir au moins 90 pour cent d'acide pur et doit être exempt d'impuretés. Lors du remplissage de la batterie, veillez à ne pas éclabousser la solution sur les pièces métalliques, sinon cela entraînerait de la corrosion. Bien que les sels de la solution fassent très probablement une tache, l'action corrosive de l'acide peut être arrêtée si la solution est éclaboussée sur les vêtements par l'application rapide d'une solution d'ammoniaque.

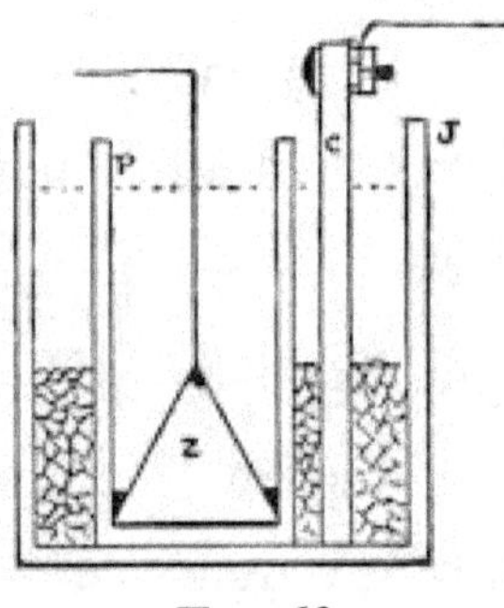

FIG.60.

La cellule "Fuller", figure 60, qui est un autre type de cellule bichromate, est une cellule à partir de laquelle un courant constant peut être obtenu pendant un intervalle plus long que celui du Grenet, mais le courant est moindre. La force électromotrice est la même, mais le courant n'est que de 3 ampères, sauf dans certaines modifications.

Dans la coupe poreuse se trouve un zinc en forme de cône avec un fil de cuivre robuste moulé. le fil est parfois recouvert d'un isolant en caoutchouc, mais, en règle générale, il est nu. La coupe poreuse est en porcelaine non émaillée, épaisse, mais très poreuse. Celui-ci se fixe dans le bocal en verre, un couvercle en bois s'adaptant *lâchement* sur l'ensemble pour exclure la poussière. À travers ce couvercle passe le fil menant du zinc, ainsi que la plaque de carbone portant une vis mécanique et des écrous de contrôle pour la connexion. Le couvercle est trempé dans de la paraffine fondue, tout comme l'extrémité supérieure du carbone et le bord du bocal en verre. Ceci afin d'éviter le fluage des sels dans les solutions et la corrosion du travail du laiton.

Dans la coupelle poreuse, on verse une solution composée de 18 parties en poids de sel ordinaire et 72 parties en poids d'eau. Le fluide Electropoion est maintenu par le bocal en verre, les deux solutions atteignant un niveau des deux tiers de la hauteur du bocal. Une once de mercure est ajoutée à la solution de coupe poreuse pour assurer la fusion complète et continue du zinc. Le sel peut être plus facilement dissous dans l'eau chaude, mais *toutes les* solutions doivent être utilisées *froides* . Il n'est pas toujours nécessaire de renouveler les solutions lorsque la batterie ne parvient pas à donner sa force habituelle, mais plusieurs onces d'eau peuvent être remplacées par une quantité similaire de fluide dans la coupelle poreuse. Remuez la solution en déplaçant le zinc de haut en bas, et une amélioration temporaire sera remarquée.

Pour obtenir un plus grand courant de cette cellule, utilisez un zinc plus gros, comme une plaque de zinc bien amalgamée, et ajoutez une cuillerée à café d'acide sulfurique pour nettoyer l'eau pour la solution de tasse poreuse. Des plaques de carbone supplémentaires connectées ensemble et placées autour de la coupelle poreuse réduiront la résistance de la cellule et augmenteront le courant, et auront également tendance à réduire la polarisation.

Une nouvelle forme de cette batterie a été décrite par M. Morisot il y a peu de temps.

Le pôle positif est du carbone de cornue dans la cellule externe dans un mélange dépolarisant composé de 1 partie d'acide sulfurique, 3 parties de solution saturée de bichromate de potasse, les cristaux de ce dernier sel étant mis en suspension dans la cellule pour maintenir la saturation. Une coupe poreuse contient une solution de soude caustique. Le zinc se trouve dans une seconde coupelle poreuse placée à l'intérieur de la première, qui contient une solution de soude caustique de plus grande densité. La force électromotrice est de 2½ volts lorsque la cellule est mise en circuit pour la première fois, et restera à 2,4 pendant quelques heures. La résistance interne est faible, mais varie avec l'épaisseur des coupelles poreuses. Cette cellule ne convient à aucun mais à une utilisation pendant quelques heures à la fois.

La cellule Dun a une électrode négative d'une coupe poreuse en carbone remplie de carbone cassé. Le zinc se présente sous la forme d'un anneau lourd et est suspendu au sommet de la solution dans le pot extérieur. Le permanganate de cristaux de potasse est placé dans la coupelle poreuse, et la cellule entière remplie d'une solution de potasse caustique 1 partie pour 5 parties d'eau. La tension est de 1,8 et la résistance interne étant faible, le courant résultant est important.

Une cellule avec une électrode d'aluminium dans une solution de potasse caustique et de carbone dans de l'acide nitrique fort dans une coupelle poreuse est revendiquée comme ayant une force électromotrice de 2,8, mais l'acide nitrique n'est pas un acide souhaitable à manipuler.

Le magnésium métallique dans une solution salammonique avec une plaque de cuivre dans un mélange d'acide chlorhydrique et de sulfate de cuivre est de haute tension, près de 3 volts sont obtenus, et le courant est important, mais c'est une nouvelle combinaison et n'a pas encore résisté au test de temps.

Il existe d'autres formules pour les solutions à utiliser dans les cellules Fuller ou Grenet qui peuvent être utiles à l'expérimentateur. Trouvé est la suivante: eau, 36 parties; bichromate de potasse, 3 parties; acide sulfurique, 15 parties, toutes en poids. Bottone's: acide chromique, 6 parties; eau, 20 parties; chlorate de potassium (augmente la force électromotrice), ⅓ partie; acide sulfurique, 3½ parties, toutes en poids. Un «sel rouge» ou «sable électrique» pratique: sulfate de soude, 14 parties; acide sulfurique, 68 parties; bichromate de potasse, 29 parties; la soude se dissout dans de l'acide chauffé et la potasse est lentement remuée. Lorsqu'il est froid, il peut être brisé et préparé au besoin en le dissolvant dans cinq fois son poids d'eau.

L'acide chromique utilisé dans la solution de Bottone est très soluble dans l'eau, il est possible de dissoudre cinq à six fois la quantité dans la même quantité d'eau que le bichromate de potasse. La solution simple d'acide chromique est de 1 livre pour 1 pinte d'eau, à laquelle on ajoute 6 onces d'acide sulfurique.

Lorsqu'il devient nécessaire de couper des plaques de zinc, cela peut être facilement fait en faisant une rayure profonde sur la surface, en remplissant d'abord la rayure avec de l'acide sulfurique dilué, puis avec du mercure. Le mercure rongera rapidement le métal et la plaque peut être facilement cassée ou coupée avec une scie. Les plaques de zinc peuvent être pliées par l'application de chaleur. Tenez la plaque devant un feu chaud jusqu'à ce qu'elle ne puisse pas être touchée par la main nue: on constatera qu'elle s'est ramollie pour pouvoir être pliée autour d'une forme en bois appropriée. Les plaques de zinc étant les plus attaquées à la surface de la solution acide, il est conseillé d'en enduire l'extrême partie supérieure de vernis ou de paraffine. Le zinc laminé est toujours préférable au moulage, en particulier lorsqu'il est immergé dans des solutions acides.

Pour éviter toute confusion, on peut dire ici qu'il est de règle de parler de l'élément zinc comme plaque positive et électrode ou pôle négatif, et le carbone *vice versa* . La partie de l'élément immergé dans la solution est la plaque, la partie extérieure, le pôle ou l'électrode. Dans les diagrammes et aussi dans les formules, le positif est indiqué par un signe + (plus) et le négatif par un signe- (moins).

La relation de coût des matériaux les plus utilisés est indiquée dans le tableau ci-dessous, dont le coût varie cependant avec le marché:

Acide sulfurique, chimiquement pur	18
" " commercial	1,5
Muriatique "	1.12
Nitrique "	3,5
Fluide Electropoion	2
Bichromate de potasse	10,5
" " soda	8,5
Soude caustique	9
Salammoniaque	sept
Acide chromique	19
Vitriol bleu	4
Litharge	5,75
Bisulfate de mercure	94
Paraffine	9
Cire d'abeille	35 à 45
Vernis Shellac	87
Papier d'aluminium	35

BATTERIE A GRAVITE.

Une modification bon marché de la cellule Daniell. Un bocal en verre a au fond une plaque de cuivre constituée de 4 à 6 feuilles de fine feuille de cuivre, fixées sur leurs bords en forme d'étoile, un fil de cuivre étant attaché au rivet de cuivre qui maintient les feuilles ensemble. Une masse de cristaux de sulfate de cuivre est remplie et posée sur le dessus de l'électrode de cuivre environ un pouce au-dessus de son sommet. La plaque négative est une plaque de zinc coulé de différentes formes suspendue au bord du pot et atteignant environ 2 pouces du haut dans le fluide. De l'eau est versée jusqu'à ce qu'elle recouvre le zinc, et la batterie est complète. Le sulfate de cuivre dépose son cuivre métallique sur les feuilles de cuivre et libère de l'acide sulfurique, qui monte et attaque le zinc, libérant du sulfate de zinc. La solution de sulfate de zinc étant de plus grande densité reste près du fond, et la solution de sulfate de zinc reste près du zinc. Lorsque la cellule est laissée trop longtemps sur un circuit ouvert, les deux solutions ont tendance à se mélanger et le cuivre se dépose sur le zinc. Le sulfate de zinc sature enfin la solution de tête, qui doit être en partie soutirée et remplacée par de l'eau fraîche et des cristaux de sulfate de cuivre tombés dans le pot pour remplacer ce qui a été décomposé. Force électromotrice 1 volt, courant de 3×10 à 5×10 ampère. Le fonctionnement pratique de cette cellule sera traité plus loin dans ces pages.

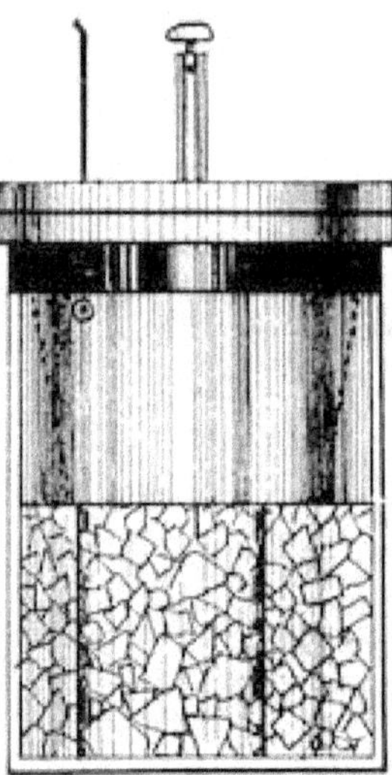

FIG. 61.

Les Gethins (Fig.61) et les cellules de pierre bleue de Hussey ont toutes deux les zincs debout dans des coupes poreuses (représentées par des lignes pointillées), qui à leur tour sont soutenues à mi-chemin du pot, reposant généralement sur la bande de cuivre agissant comme une cloison poreuse entre les fluides. Le zinc se trouve dans une solution de sulfate de zinc ou une solution d'acide sulfurique faible. La résistance interne est faible et le courant grand, allant de 1 à 5 ampères. Ces cellules sont les cellules de pierre bleue idéales pour charger des batteries de stockage nécessitant très peu d'attention. La cellule spéciale Gethins représentée sur la figure a le cuivre fait avec un collier, qui entoure la coupe poreuse, et abaisse ainsi la résistance interne de la batterie. Cependant, la tension ne dépassant pas 1 volt rend ces cellules difficilement adaptées à une connexion directe. Cinq cellules connectées en multiple donneraient la totalité de 10 ampères de courant et 1 volt, et un certain nombre de ces multiples groupes pourraient être connectés en série pour une tension plus élevée.

BATTERIE GORDON

est similaire en fonctionnement à l'Edison-Lalande, mais diffère dans les détails de construction. Le zinc est un anneau lourd suspendu à l'extérieur, mais ne touchant pas un cylindre en étain perforé fermé au fond, contenant l'oxyde de cuivre en flocons. Sa résistance interne est légèrement supérieure à celle de la cellule Edison-Lalande, sinon il y a peu de choix. La taille 6×8 est excellente pour le travail sur bobine, donnant 250 ampères-heures réels et restant en circuit ouvert pendant de longues périodes sans détérioration.

CELLULE D'EDISON-LALANDE.

Il s'agit d'une forme pratique de l'ancienne cellule Lalande-Chaperon, et donne un courant constant et important, de faible résistance interne, mais de faible force électromotrice, étant inférieure à 0,70 volt sur circuit fermé de résistance moyenne. Étant de faible résistance interne, cependant, sa sortie est grande - trois cellules de type S; résistance interne, 0,025 ohm. La capacité, 300 ampères-heures, équivaudra à peu près à une cellule de type E 5 de la batterie de stockage de chlorure. Les éléments de cette cellule sont constitués de plaques positives de zinc amalgamé, suspendues de chaque côté de plaques négatives de l'oxyde noir de cuivre dans une solution électrolytique de potasse caustique. En action, la décomposition de l'eau forme un oxyde de zinc à partir de l'élément positif, qui avec la potasse en combinaison laisse un sel soluble de zinc et de potasse. L'hydrogène de l'eau agit sur les plaques d'oxyde pour former du cuivre métallique, réduisant ainsi réellement, au lieu d'augmenter, la résistance interne de la cellule. Une couche d'huile de paraffine lourde est versée sur le dessus de la solution pour empêcher l'action de l'air.

NOUVELLE NORME ,

ou cellule sèche Roche. Cette cellule possède des pouvoirs de récupération remarquables et une faible résistance interne. Fabriqué dans de nombreuses tailles, le mieux adapté aux bobines médicales est le n ° 2; dimensions, $5\,^7/_8 \times 2\,^7/_{16}$ pouces. Pour les travaux plus lourds, le n ° 5, $6 \times 2\,^9/_{16}$pouces, et connu sous le nom de Navy Standard, est recommandé. Une taille pratique pour les bobines médicales portables est le n ° 3, $3\frac{3}{4} \times 1\frac{7}{8}$ pouces, prenant très peu de place, tout en donnant un grand rendement. Deux de ces dernières cellules enfermées dans le boîtier de bobine donneront avec un primaire correctement enroulé (n ° 18 à 20 B & S) un courant aussi fort que celui qui peut être utilisé en électrothérapie. Pour les bobines de Ruhmkorff, les cellules n ° 6 et 7 (6×3 pouces et 7×3 pouces) fournissent une batterie la plus souhaitable pour tous les travaux ne nécessitant pas le fonctionnement constant du disjoncteur de contact, tels que la télégraphie sans fil, l'éclairage au gaz, etc. Ils effectueront des travaux sur les rayons X, mais l'écrivain préfère une cellule de stockage ou les types d'oxyde de cuivre. L'EMF des cellules ci-dessus est de un et six dixièmes de volts, et le courant de 9 ampères à la taille n ° 7, ce qui donne 24 ampères en court-circuit.

CONSTRUCTION A CELLULES SECHES.

En pratique, il n'y a pas de cellule vraiment sèche; toutes les soi-disant cellules contiennent du liquide maintenu en suspension et leur débit est limité à la quantité de liquide. Un de ce type peut facilement être réalisé de la manière suivante: Un pot contenant est constitué de tôle de zinc de première qualité, les bords étant joints par un joint tourné puis soudés, le fond de zinc étant également soudé. En soudure ici , comme dans toutes ces opérations, *assurez - vous absolument que* les bords du métal sont propres. Le pot est partiellement rempli de la composition suivante: Oxyde de zinc, 1 partie; sal ammoniac, 1 partie; plâtre de paris, 3 parties; chlorure de zinc, 1 partie; eau, 2 parties, toutes en poids; ou sal ammoniac, 1 partie; chlorure de calcium, 5 parties; magnésie calcinée, 5 parties; eau, 2 parties ou suffisamment d'eau pour faire une pâte fine. Une borne de liaison en laiton est soudée au boîtier en zinc et une plaque de carbone comportant une borne de liaison est insérée au centre de la cellule, en veillant à ne pas toucher le zinc. Un petit disque de bois posé au fond de la cellule empêchera le contact au fond. Du brai fondu ou une composition de brai et de colophane à raison de 6 pour 1 est versé sur le dessus, de manière à sceller la cellule. Au fur et à mesure que le gaz est généré dans la cellule, une soupape de sécurité doit être prévue, soit un morceau de canne poreux, soit une courte longueur de tube en caoutchouc dur, à l'intérieur duquel ont été placés quelques brins de fil de laine. Cette classe de cellules est si bon marché et tant de formes sont disponibles au choix qu'il est rarement souhaitable de fabriquer la sienne. Ils ne le feront pas pour un courant constant, mais uniquement pour un travail intermittent. Les grandes tailles étant de faible résistance interne, peut être utilisé pour la signalisation en télégraphie sans fil, où il n'est pas possible d'utiliser des cellules humides (ou à fluide libre). Les principales cellules sèches du marché sont les cellules Mesco, OK, Nungesser et Samson semi-sèches.

CHAPITRE XI: STOCKAGE OU CELLULE SECONDAIRE.

Le développement du stockage ou de la cellule secondaire a été l'une des avancées électriques les plus importantes du siècle. A des fins d'expérimentation ou de travail, lorsqu'un courant important ou constant est requis pour un appareil compact et facilement entretenu, la cellule de stockage prouve son utilité. La forme la plus simple était celle utilisée par les premiers expérimentateurs, et comme elle est facile à fabriquer, une forme peut très bien être décrite.

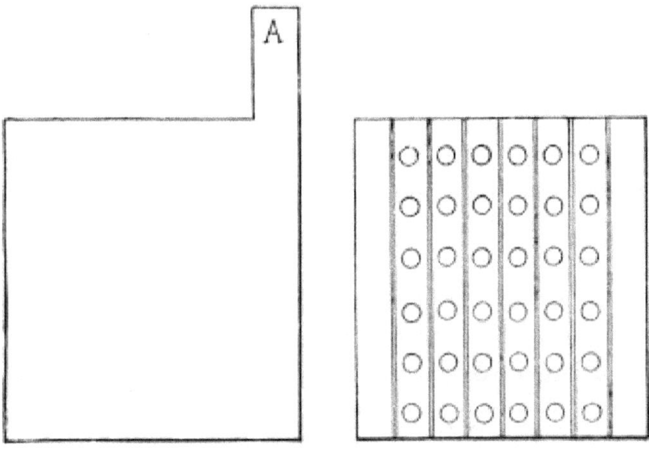

FIG. 62. FIG. 63.

A partir d'une feuille de plomb de ⅛ pouce d'épaisseur, deux pièces ou plus sont coupées de la taille requise, disons 5 pouces carrés. Lors de la fabrication de ces plaques, elles doivent être coupées de manière à laisser une bande de 1 pouce de large et 3 pouces de long, dépassant d'un coin, *A* (Fig. 62), aux fins de la connexion. C'est la raison pour laquelle les vapeurs de la solution d'acide sulfurique corrodaient rapidement les fils ou les vis dans les plaques, et aussi pour donner une meilleure connexion. Le nombre de plaques coupées doit être impair, car il est général de faire les deux plaques extérieures de la même polarité, c'est-à-dire négative. Ces plaques sont ensuite marquées avec une pointe en acier à travers et à travers des deux côtés à peut-être une profondeur de $^1/_{64}$ d'un pouce. Cette notation n'est pas absolument nécessaire; cela accélère quelque peu la formation des plaques. Les plaques sont ensuite posées face à face, séparées par des morceaux de bois, de caoutchouc ou, mieux encore, par un morceau de bois rainuré, la figure 63 ayant un mince morceau d'amiante de chaque côté. Ces rainures doivent évacuer le gaz et doivent monter et descendre de la planche, comme sur la figure. Le bois a une épaisseur de ⅛ de pouce ou à peu près, et de préférence perforé de trous de ¼ de pouce ou plus. Lorsqu'ils sont posés ensemble, quelques élastiques solides empêchent les plaques de se séparer. Pour éviter tout mouvement latéral, quelques broches en caoutchouc peuvent être poussées à travers les plaques. Les bandes alternées doivent être reliées ensemble en deux séries, comme dans un condenseur, et la série complète placée dans un bocal contenant un mélange de sept parties d'eau pour une d'acide sulfurique. La borne des barrettes connectées au plus petit nombre de plaques doit être marquée P ou +, pour positif.

Cette borne doit maintenant être connectée à un courant de charge (pas supérieur à 1 ampère), comme décrit dans les directions de charge batteries, pendant huit heures, puis déchargées à un taux ne dépassant pas 1 ampère pendant six heures. Ensuite, les connexions doivent être inversées et la cellule chargée en arrière, pour ainsi dire, et déchargée. Cela doit être répété pendant une longue période, peut-être un mois, avant que la cellule ne soit en bon état; sur la charge finale, il doit être connecté positif au positif de la source de charge. Cette opération est appelée «formation» et le résultat est de changer le fil métallique de la plaque positive en peroxyde de plomb rouge-brun et les plaques négatives de plomb en plomb spongieux.

Dans les cellules commerciales modernes, cette opération n'est plus poursuivie, les plaques sont constituées de diverses manières d'ossatures de plomb contenant des bouchons de litharge ou d'oxyde de plomb, qui est "formé" avec une grande facilité. À de nombreuses fins autres que le fonctionnement des bobines de Ruhmkorff, quelques cellules simples fabriquées, comme décrit, sont pratiques et faciles à fabriquer. En scellant les cellules pour la portabilité, il faut toujours prendre soin de laisser un petit trou dans le couvercle pour l'évacuation du gaz acide sulfureux.

CHARGEMENT DES BATTERIES DE STOCKAGE.

Bien que la charge d'une batterie de stockage ou d'une batterie secondaire ne soit en aucun cas une opération difficile, elle nécessite cependant des précautions et une personne peu habituée au travail rencontrera de nombreuses petites difficultés qui peuvent sérieusement affecter les résultats. La meilleure source de charge est avant tout un circuit électrique à courant continu et à potentiel constant. La quantité de courant nécessaire varie en fonction du type et de la marque de la cellule, mais nous en sélectionnerons une d'une capacité de 50 ampères-heures à titre d'illustration.

Par 50 ampères heures, on entend une délivrance de 1 ampère par heure pendant cinquante heures, ou un taux de décharge égal à ce qui précède, comme 2 ampères par heure pendant vingt-cinq heures. En pratique, une cellule secondaire ne se révélera pas agir exactement comme ci-dessus, la quantité totale de courant diminuant à mesure que la décharge est plus grande. Chaque cellule est construite pour décharger à un certain rythme, au-dessus duquel il n'est pas sûr d'aller. Cinq ampères par heure est un taux approprié pour une cellule de cinquante heures et ne doit pas être largement dépassé. Le type chlorure, cependant, est celui qui peut être déchargé à une vitesse plus élevée que la normale sans aucun résultat sérieux, ce dernier étant généralement un renflement ou "flambage", comme on l'appelle, des plaques par lesquelles elles court-circuitent ou se désagrègent. La tension de la source de charge doit être d'au moins 10% supérieure à celle de la batterie lorsqu'elle est complètement chargée. La tension d'une cellule de batterie d'accumulateurs varie d'environ 2,3 au début de la décharge à 1,7, à laquelle la dernière décharge de tension doit être arrêtée et la charge recommencée.

La figure 64 montre les connexions pour charger une batterie de stockage à partir d'un circuit d'éclairage électrique. Ce dernier doit être à courant continu et à basse tension. Le circuit du fil négatif passe à la poignée du rhéostat R, de là à travers autant de bobines qu'il y en a dans le circuit (varié en déplaçant la poignée sur les pièces de contact en liaison avec les bobines de résistance). Le positif de la cellule est connecté au positif principal.

Lors du raccordement des cellules de stockage au secteur, le plus grand soin doit être pris pour que les bornes soient correctement fixées. Il arrive dans les installations isolées que des modifications soient apportées au câblage ou au tableau, ce qui inverse le courant sans avertissement donné au chargeur de batterie. C'est le moyen le plus sûr de tester la polarité des bornes de *la* batterie et du secteur chaque fois que la charge commence. Pour les tests de polarité, voir le chapitre I. Il est indifférent de quel côté de la batterie le rhéostat ou un dispositif similaire est placé.

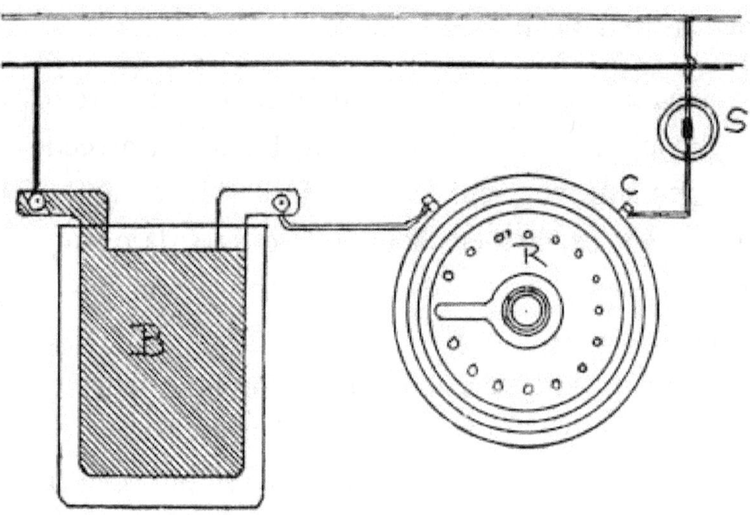

FIG. 64.

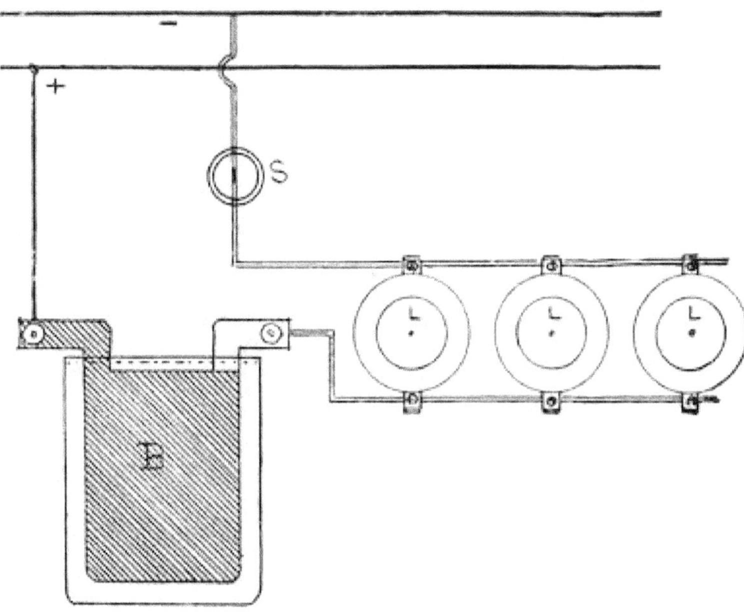

FIG. 65.

La figure 65 montre l'utilisation de lampes au lieu du rhéostat. Les lampes *LL* régulent le flux de courant par la manière dont le circuit est agencé. Si une seule lampe est allumée, le courant nécessaire pour une seule lampe circule à travers la batterie. Chaque lampe allumée supplémentaire ajoute au courant en diminuant la résistance du circuit. *S* est un interrupteur qui doit toujours être laissé ouvert lorsque les dynamos doivent être arrêtées.

CHARGEMENT A PARTIR DE LA BATTERIE PRINCIPALE.

Dans de nombreux cas, un circuit d'éclairage électrique n'est pas disponible à des fins de charge, auquel cas il faut recourir à une batterie primaire. Le plus approprié pour le travail est le Daniell modifié, ou combinaison de cuivre et de zinc dans des solutions de sulfate de cuivre (pierre bleue) et de sulfate de zinc respectivement.

Il existe de nombreuses bonnes formes de cette cellule sur le marché, dont les principales sont la simple gravité, les Gethins et les Hussey, qui ont été décrites précédemment. Un exemple va maintenant être décrit des opérations nécessaires avec la cellule à gravité, chargeant une cellule de stockage de 50 ampèresheure. Au moins six cellules de gravité seront nécessaires, car la tension de chaque cellule n'est jamais plus de 1 volt, et dépend de la résistance du circuit externe qui diminue lorsque la résistance diminue. Placez les six bocaux en verre propres sur une base solide, où il n'y a aucun risque de tremblement et aucune poussière susceptible de se déposer. Dépliez les bandes de cuivre en forme d'étoile, en pliant les coins sur un demi-pouce afin de donner un ancrage dans la pierre bleue. Placez-les au fond des bocaux et versez suffisamment d'eau pour les recouvrir d'au moins 3 pouces sous la surface. Maintenant, déposez soigneusement 4 livres de pierre bleue propre, qui remplira les angles entre les ailes de cuivre, tout en maintenant l'élément vers le bas du pot. Accrochez les zincs du bord supérieur du pot et remplissez d'eau à 1 pouce du haut. L'ajout de 5 onces de sulfate de zinc par cellule rendra les cellules immédiatement disponibles, propre cellule et vissé pendant quelques heures; ou les cellules peuvent être connectées ensemble en série, et le fil du dernier cuivre être vissé sur le zinc du premier, mettant ainsi toute la série en court-circuit. Le seul avantage de la première méthode est un gain de temps lors de la mise en place de plusieurs cellules. Ce gain de temps est souvent important, car plus la cellule nouvellement installée est en circuit ouvert, plus il y aura de dépôt de cuivre sur le zinc, ce qui est hautement indésirable. Ceci se manifeste par le noircissement du zinc dès sa mise en solution, ce noircissement qu'il est difficile d'éviter totalement. Lorsque la cellule fonctionne de manière satisfaisante, elle montrera une ligne clairement définie entre la solution incolore ci-dessus et la solution bleu foncé en dessous.

Les cellules de gravité ne doivent jamais être déplacées. Si aucun sulfate de zinc n'est disponible, une demi-cuillerée à café d'acide sulfurique peut être versée sur le zinc, qui aura tendance à former le sulfate de zinc. L'un de ces éléments permet à la cellule de mettre au moins vingt-quatre heures sur un court-circuit avant de donner son courant normal. Ce courant doit être de $^4/_{10}$ à $^5/_{10}$ d'ampère. Cinq cellules mises en place par l'écrivain variaient après l'addition du sulfate de zinc de 200 milliampères (millièmes d'ampère) à 300 milliampères, bien qu'elles aient été apparemment toutes installées de la même manière; mais après douze heures de court-circuit, ils ont tous donné un courant assez uniforme de 470 à 500 milliampères.

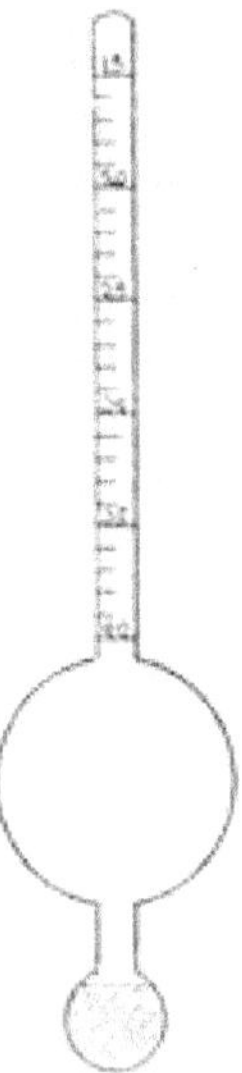

FIG. 66.

De temps en temps, sur le travail de la batterie de stockage, disons, chaque semaine, la densité de la solution supérieure doit être testée avec un hydromètre (voir Fig.66), qui doit être placé dans la solution et laissé au repos. Le nombre indiqué au niveau du liquide doit être de 25 °. Si le nombre est plus élevé, une solution doit être soutirée et de l'eau claire ajoutée, jusqu'à l'hydromètre s'installe à 25 ° ou à peu près. L'intérieur du bocal en verre à 1 pouce du haut peut être graissé pour empêcher les sels de zinc de ramper sur le bord, ou un demipouce d'huile de paraffine lourde doit être versé sur le dessus pour éviter l'évaporation et le fluage. Lorsque le zinc est très enduit du dépôt sombre, il doit être retiré, gratté et lavé. Lorsque la pierre bleue a besoin d'être reconstituée, entrez avec précaution et assurez-vous qu'aucun ne se loge sur l'élément en zinc.

CONFIGURATION DE LA CELLULE DE STOCKAGE.

Chaque fabricant de cellules de stockage émet des instructions spécifiques pour le chargement de sa propre marque, mais généralement la méthode est la suivante: La solution acide est préparée en mélangeant un volume d'acide sulfurique à de quatre à sept volumes d'eau, selon la marque de la cellule. L'acide sulfurique doit avoir une densité de 1,82 et être chimiquement pur. *L'acide doit toujours être versé dans l'eau, et lentement, en remuant tout le temps, puis ré-*

server pour que le mélange refroidisse. Il est préférable de mélanger la solution dans un récipient en terre cuite séparé, et lorsque deux cellules ou plus doivent être installées, de mélanger toute la solution en même temps, pour assurer la même force, à moins qu'un hydromètre ne soit utilisé pour le déterminer.

Une bonne méthode pour déterminer la quantité exacte de solution requise est de placer les éléments dans le bocal et de couvrir au moins 1 pouce de profondeur avec de l'eau, puis de retirer les éléments et de vider le volume d'eau correspondant à la proportion d'acide à ajouter, et enfin verser l'eau restante dans le récipient de mélange, préparer la solution ou l'électrolyte, comme on l'appelle. Les nouveaux éléments doivent être humidifiés avec de l'eau pure avant d'être immergés dans la solution. Une charge ordinaire de l'électrolyte nécessite de six à dix heures pour se refroidir complètement, car une chaleur considérable se dégage dans le mélange.

Après avoir préparé la solution de batterie de stockage et mis en place les cellules primaires, la charge peut être poursuivie. Le courant doit être mis sur la cellule de stockage immédiatement les éléments sont placés dans l'acide. Connectez le fil du zinc de la batterie principale au négatif de la cellule de stockage et le fil de cuivre au positif. Comme le courant d'une cellule de gravité n'est que petit, il faudra un certain temps pour charger complètement une cellule de stockage d'une capacité de 50 ampères-heures; c'est un bon schéma pour charger la cellule à partir d'une source dynamo et utiliser les cellules de gravité pour la maintenir chargée; mais cela ne peut pas toujours être fait, et la batterie à gravité fera le travail à temps. Comme les meilleures cellules de stockage ne rendent que 90% du courant qui y est injecté, elles doivent être chargées sur le nombre d'heures pendant lesquelles elles doivent fournir du courant.

Lorsque la cellule est complètement chargée, la solution devient laiteuse et dégage du gaz librement. Ce gaz en grande quantité est préjudiciable à la santé, et en aucun cas une cellule de stockage ne doit être *chargée* pendant un sommeil. Il affecte la gorge et les poumons et les rend susceptibles de prendre froid dans des circonstances appropriées. La tension moyenne des cellules de stockage, lorsqu'elles sont testées avec le courant de charge activé, est de 2,4 volts, et la tension la plus basse qu'elles doivent pouvoir atteindre est de 1,9 volts, sauf indication contraire des fabricants.

Les cellules en mauvais état sont susceptibles de former un dépôt *blanc* de sulfate de plomb, ce défaut étant appelé «sulfatation». Ce problème nécessite des soins très soignés et les cellules doivent être chargées pendant une longue période à un taux très bas jusqu'à ce que les plaques de l'élément positif retrouvent leur couleur grise normale. Des copeaux de paille ou d'excelsior, etc., tombant entre les plaques se carboniseront et causeront des problèmes.

La plupart des cellules portables sont scellées, mais toutes les cellules peuvent être facilement scellées avec de la cire de paraffine pour un usage amateur. Couvrir les éléments complètement ½ pouce au-dessus de la hauteur normale de l'électrolyte avec de l'eau avant de verser l'électrolyte. Faire fondre de la paraffine dans un pot en terre cuite et versez-le sur le dessus de l'eau, vers le milieu de la surface, quand il se répandra, et après avoir pris soin de faire sécher les côtés du pot, il durcira et formera une bonne étanchéité. Ensuite, percez un trou avec une attelle et un mors ou un tel outil à travers la cire et versez l'eau. La cellule peut alors être mise en place comme d'habitude, le trou n'étant que partiellement fermé pour permettre l'échappement du gaz généré. Un tube en verre ou en caoutchouc peut être scellé dans le trou de la cire et rend le travail plus fini.

En ce qui concerne les batteries primaires pour charger les cellules de stockage, quelques remarques sur leur force électromotrice peuvent ne pas être anormales. Bien que les spécifications publiées par les fabricants spécifient une tension de charge excédentaire de 10% par rapport à la tension totale des cellules de stockage, cela ne s'applique pas aux cellules primaires dans leur intégralité. La tension de cinq cellules de gravité en série agrégerait 5 volts, et la tension d'une cellule de stockage mais 2 volts, mais il n'y aurait pas 5 volts disponibles pour forcer le courant de charge à travers ce dernier. En premier lieu, il y a la force contre-électromotrice de la cellule de stockage qui agit contre la batterie à gravité. Une simple soustraction ne montrerait qu'un excès de 3 volts en faveur de la force électromotrice primaire; mais la tension de fonctionnement d'une cellule galvanique varie en fonction de la résistance externe de la cellule et de la résistance externe du circuit. Lorsque la résistance interne est élevée, comme dans la cellule de gravité, et que la résistance du circuit est faible, dans ce cas étant la cellule de stockage, la force électromotrice disponible du primaire est également faible.

Dans de nombreux cas, il est souhaitable de faire fonctionner une bobine de Ruhmkorff à partir d'une lumière électrique principale directe. Cela peut facilement être fait si le circuit est de la classe de potentiel constant, c'est-à-dire construit pour fournir du courant pour les lampes à incandescence en plusieurs. Avec le courant continu, tel que l'Edison, il suffit soit d'interposer un rhéostat, comme sur la Fig.64, soit d'utiliser les lampes, comme sur la figure 65. La manière de se connecter est la même que si la cellule de stockage B était remplacée par la bobine. En utilisant la formule $C = E / R$, par exemple, si le circuit est à 110 volts et la bobine nécessite 10 ampères, une résistance de 11 ohms sera nécessaire. Ou en utilisant les lampes du schéma, Fig. 65, environ 20 lampes doivent être mises en circuit. Si le courant est alternatif, le disjoncteur devra être vissé ou court-circuité.

LA CELLULE DE STOCKAGE "US".

Cette cellule est du type plomb-zinc, étant la forme pratique de la cellule Reynier. Il est à recommander pour le fonctionnement des bobines Ruhmkorff, son poids de sortie pour le poids étant bien supérieur aux types plomb-plomb. Cette cellule est facilement portable et facile à utiliser, l'électrode de zinc étant la seule à devoir être renouvelée, et cela à des intervalles très peu fréquents.

L'électrode de plomb se compose de plaques de peroxyde serrées ensemble et présente une surface assez grande. Le zinc dans la plupart des types est de la forme de feuille circulaire, et renferme le bloc de plomb, étant maintenu amalgamé par le mercure se trouvant dans le fond de la cellule. L'EMF sur circuit ouvert est d'environ 2,5 volts, ce qui est supérieur à toute combinaison plomb-conducteur. Sur un travail en circuit fermé, cela tombe à 2,35 volts vers le bas. Pendant l'action, lorsqu'une grande quantité de courant est tirée de la cellule, un sulfate blanc apparaît, mais celui-ci disparaît lorsque la cellule est rechargée ou même laissée au repos. Les bulles de gaz, qui se forment parfois sous le bloc de peroxyde, doivent être éliminées en inclinant doucement la cellule ou en frappant la table ou l'étagère sur laquelle elle porte un coup intelligent. Le grand type n ° 3 convient au travail aux rayons X, et une cellule encore plus grande est fabriquée,

HARRISON CELL.

La cellule n ° 1 récemment mise sur le marché a donné d'excellents résultats pour le travail en circuit ouvert. Il se compose d'un élément négatif avec du peroxyde de plomb comme dépolarisant. L'élément positif est le zinc auto-amalgamant, sans action locale. L'électrolyte est de l'acide sulfurique pur dilué. Le potentiel est élevé, étant de 2,5 volts, et la résistance interne est de 0,14 ohm. Cette cellule appartient à un groupe qui se situe à mi-chemin entre les cellules primaires et de stockage, ou secondaires. Sa construction est similaire à la cellule secondaire plomb-zinc, à la place de laquelle elle peut être utilisée, il est facile de recharger une cellule épuisée en passant un faible courant à travers elle en sens inverse, rechargeant ainsi le peroxyde de grille de plomb et renouvelant le zinc et électrolyte.

La grande taille, ou type n ° 3, que les fabricants produisent, diffère de la cellule n ° 1 en ce qu'elle a un plus grand négatif élément, ou grille, et a deux zincs, au lieu d'un; par conséquent, il a une résistance interne inférieure - 0,07 ohm - et un taux de décharge plus élevé avec une capacité de 150 ampères heures. Le potentiel est de 2,5 volts. Il convient au travail de bobine ou aux moteurs à gaz étincelants, et pour la facilité de manipulation et la commodité est fortement recommandé.

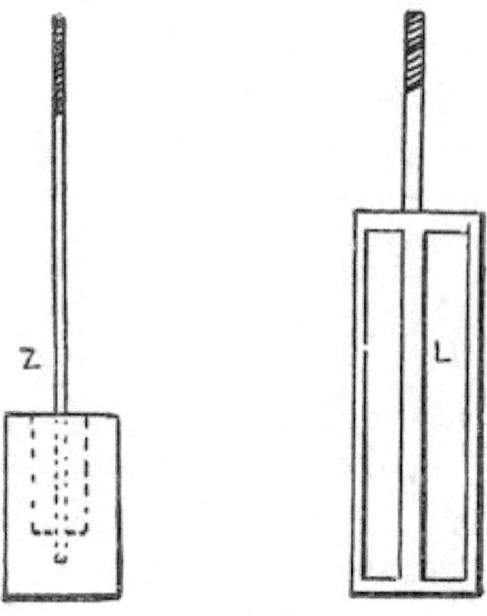

FIG.67.

Les éléments sont représentés sur la figure 67, grille de plomb L , qui est remplie de pâte de peroxyde de plomb, et qui ne se déforme ni ne se désintègre. Le zinc Z , cependant, possède une nouvelle fonctionnalité. Une cavité est coulée dans l'élément en zinc et remplie d'un amalgame de mercure, l'électrode de cuivre passant à travers cet amalgame dans le zinc solide, comme indiqué sur la découpe. Au fur et à mesure de l'action de la batterie, cet amalgame se fraye un chemin dans les pores de l'élément et maintient un si bon amalgame de tige de cuivre et de zinc que le zinc peut être utilisé jusqu'à un point où la résistance interne croissante le rend économique. jetez-les, et absolument aucune action locale perceptible n'a lieu dans la cellule lors d'un circuit ouvert continu. Une préparation est fournie si on le souhaite, qui forme une gelée de l'électrolyte, rendant la cellule facilement portable. Comme toutes ces combinaisons, sa force électromotrice dépasse deux volts, et sa résistance interne est suffisamment faible pour conseiller son emploi dans le travail de bobine.

Lorsqu'une batterie de stockage doit rester inutilisée pendant une longue période, elle doit d'abord être complètement chargée, puis chaque semaine environ, le courant de charge la traverse jusqu'à ce qu'elle bouillonne. Lorsqu'il doit être rangé pendant une longue période et que la charge hebdomadaire n'est pas possible, les opérations suivantes sont nécessaires: Tout d'abord, chargez com-

136

plètement la batterie, retirez l'électrolyte et remplacez-la immédiatement par de l'eau. Déchargez à un taux normal jusqu'à ce que la tension descende à 1,7 par cellule. Diminuez progressivement la résistance jusqu'à ce que la batterie soit presque en court-circuit. Laissez reposer pendant une journée, puis versez l'eau et conservez les éléments dans un endroit sec et propre.

CHAPITRE XII: EFFETS TESLA ET HERTZ.

Les courants de haute fréquence utilisés par Tesla dans ses recherches sont produits par des moyens électriques plutôt que mécaniques. La dynamo à courant alternatif utilisée par lui rend un courant de 10000 alternances par seconde, mais le courant réel nécessaire à la performance des effets lumineux a une fréquence de millions d'oscillations par seconde, produite par la décharge de bocaux ou de condensateurs de Leyde.

Le Dr Oliver J. Lodge, dans ses «Modern Views of Electricity», montre que la décharge du pot Leyden est en général oscillatoire, l'étincelle apparemment unique et momentanée, analysée dans un miroir à rotation très rapide, se révèle être constituée de une série d'éclairs alternés, sucer rapidement se succédant et durant individuellement moins de cent millième de seconde. La capacité du condenseur et l'inertie du circuit régulent la rapidité de ces oscillations. Un condenseur 1 microfarad se déchargeant à travers une bobine de grande auto-induction, telle que celle ayant un noyau de fer, peut osciller seulement quelques centaines de fois par seconde. D'un autre côté, un pot de Leyde de la taille d'une pinte déchargée par un court-circuit créera des oscillations, peut-être dix millions par seconde; et un pot encore plus petit donnerait des oscillations de plusieurs milliards. Mais ces petits pots se déchargent rapidement, et nécessitent un réapprovisionnement constant.

La décharge consiste en fait en une décharge principale dans un sens, puis plusieurs actions réflexes dans les deux sens, devenant plus faibles jusqu'à leur cessation. Dans leur vibration, ils génèrent des ondes dans le milieu environnant, similaires à bien des égards aux ondes sonores, mais d'une vitesse infiniment plus élevée. Leur longueur dépend du taux de vibration de la source et leur vitesse. La décharge microfarad précédemment mentionnée aura une longueur d'onde de peut-être 1200 milles, le petit pot ne dépassant pas 70 pieds; et pourtant la véritable onde lumineuse n'a qu'une longueur moyenne de un cinquante millième de 1 pouce. Ces ondes voyagent dans l'espace jusqu'à ce qu'elles meurent d'épuisement ou soient absorbées par un corps approprié; mais ils possèdent la qualité de résonance à un degré semblable à ceux du son. Deux diapasons de même hauteur s'influenceront l'un sur l'autre, c'est-à-dire que l'un, en étant vibré, déclenchera l'autre en vibration, même à une distance considérable, mais les ondes électriques les dépassent de loin à cet égard.

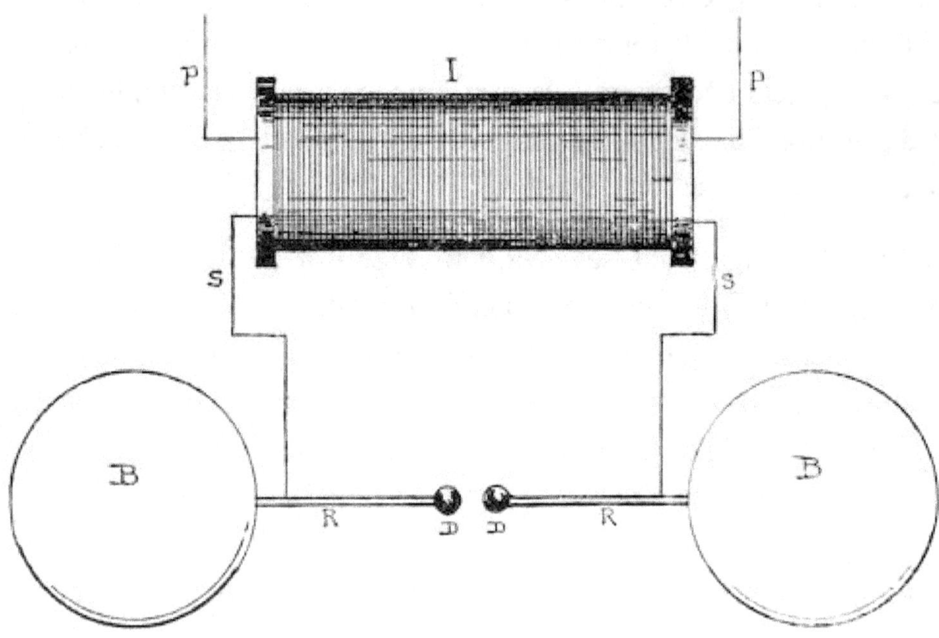

FIG. 68.

Le Dr Hertz a fait les premières expériences pratiques dans ce sens avec son résonateur électrique (Fig. 68). Cet appareil se composait d'une bobine d'induction d'étincelle de 3 pouces, I, les fils secondaires SS étant connectés aux tiges de cuivre RR, pourvues de billes métalliques BB, près de 11 pouces de diamètre. Les billes de décharge DD ont été rapprochées jusqu'à ce qu'une décharge satisfaisante passe entre elles. Un grand anneau de fil ayant un éclateur dans son circuit a été tellement influencé par la résonance que de minuscules étincelles passant à travers cet espace même lorsque l'anneau était situé dans une pièce éloignée. Dans de nombreuses expériences avec un courant de bobine d'induction à vibration rapide, une étincelle a été remarquée dans des objets métalliques dans la même pièce, dans un cas, étant découvert dans les dessins métalliques sur un papier peint.

LES EFFETS "TESLA".

En explorant le domaine relativement nouveau ouvert par le professeur Crookes, Nikola Tesla a stimulé la recherche sur les mystères des courants de haute tension et de fréquence et de leurs effets. Dans la majorité de ses expériences, Tesla utilise des courants alternatifs générés par des machines de sa propre conception, mais dans un grand nombre de cas, ses effets peuvent être dupliqués avec une bobine d'induction convenablement alimentée. Dans ce dernier cas, l'appareil se compose d'une batterie, d'une bobine de Ruhmkorff, de deux condenseurs et d'une seconde bobine d'induction ou de rupture spécialement construite, avec quelques outils auxiliaires. Le disjoncteur ou rhéotome doit être celui donnant des interruptions de séquence très rapide.

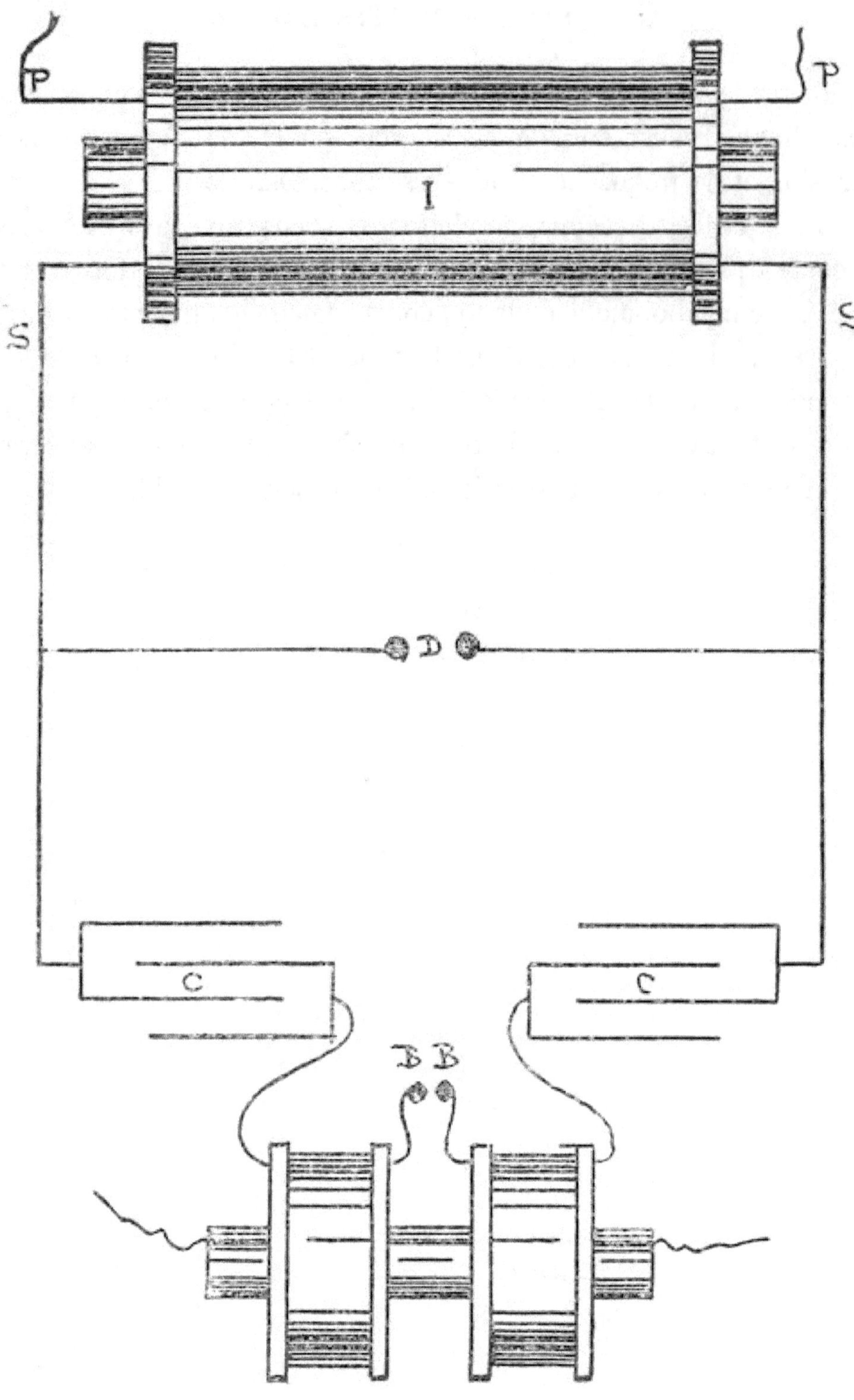

FIG. 69.

La figure 69 montre un schéma de l'arrangement Tesla avec une bobine de Ruhmkorff. Les bornes de la bobine secondaire de Bobine Ruhmkorff *I* *se* terminent aux condensateurs *CC*. Le déchargeur *D* est ponté sur les fils avant qu'ils n'atteignent les condenseurs. Les deuxièmes bornes des condenseurs sont conduites à travers le primaire séparé de la bobine disruptive, se terminant aux points *BB* du deuxième déchargeur. Le secondaire de la bobine disruptive est soit à l'extérieur, soit à l'intérieur de la bobine primaire. Les condenseurs sont de conception spéciale, étant petits, mais d'une isolation élevée. Ils se composent chacun de deux plaques de métal de quelques centimètres carrés immergés dans l'huile et disposés de manière à pouvoir être rapprochés ou éloignés selon les besoins. Dans certaines limites, plus ces plaques sont petites, plus les oscillations de leur décharge seront fréquentes. Ils remplissent également un autre objectif, ils aident à annuler l'auto-induction élevée de la bobine secondaire en lui ajoutant de la capacité.

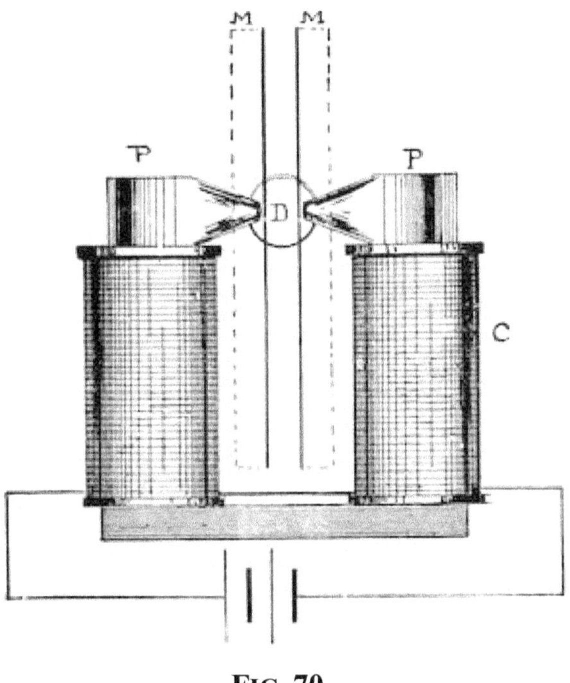

FIG. 70.

Les pointes de décharge sont de préférence des billes métalliques de moins de 1 pouce de diamètre. Tesla utilise diverses formes de déchargeurs, mais à des fins expérimentales, les deux boules métalliques répondront. Ils sont ajustés lorsque

143

l'ensemble de l'appareil fonctionne selon les résultats souhaités. Les plaques de mica servent à établir un courant d'air à travers l'espace, ce qui rend la décharge plus brusque, un jet d'air étant également parfois utilisé pour la poursuite de cet objet. L'appareil (Fig.70) se compose d'un électro-aimant, C, fixé avec ses pôles P à travers l'entrefer, aidant à essuyer l'étincelle, comme dans une forme bien connue de parafoudre. Cette forme, décrite par Tesla, a les pièces polaires P protégées par des plaques de mica M, pour empêcher les étincelles de sauter dans les aimants. La figure 70 est une vue en élévation et la figure 71 un plan de ce dispositif.

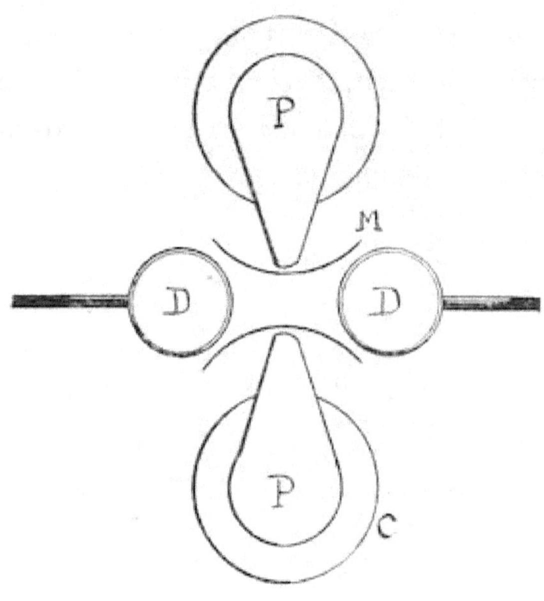

FIG. 71.

Les effets de résonance obtenus lors du fonctionnement d'une bobine Tesla est très marqué, et leur étude peut conduire à la solution des problèmes de communication entre points distants sans l'utilisation d'autres milieux conducteurs que l'atmosphère. Mais l'utilisation principale des courants Tesla est celle de l'éclairage artificiel. Ces courants ont permis aux expérimentateurs d'obtenir une luminosité élevée sous vide à l'aide d'un seul fil conducteur - en fait, dans certains cas, sans utiliser aucun conducteur que l'air. Une lampe à incandescence ordinaire connectée à une borne de la bobine montrera dans une bonne mesure certains des phénomènes luminescents. Les effets de brosse des bornes de la bobine secondaire sont extrêmement marqués et intéressants; mais détailler les expériences qui peuvent être effectuées avec la bobine disruptive Tesla serait ici une impossibilité.

Ces courants de haute fréquence ont été récemment mis à profit en électrothérapeutique, principalement pour la stimulation qu'ils exercent sur le processus nutritif. Ils exercent également une très grande influence sur les centres vasomoteurs, comme en témoigne la rougeur de la peau et l'exsudation de la transpiration. Ce résultat peut être facilement obtenu en plaçant le patient en connexion avec une électrode sur un tabouret isolant, et en terminant l'autre électrode sur une grande plaque métallique située à quelques pieds de distance; ou le patient peut être entouré par une bobine de fil en connexion avec la bobine de diamètre suffisant, cependant, pour empêcher le contact.

CHAPITRE XIII: LES RAYONS "ROENTGEN" ET LA RADIO-GRAPHIE.

Bien que la découverte remarquable qu'il était possible par des moyens électriques de représenter une image d'un objet sur une plaque photographique sensibilisée, malgré l'intervention de corps solides, ait été donnée pour la première fois au monde entier par le professeur Roentgen, pourtant il a sans aucun doute été conduit à la résultats en tenant compte des travaux des expérimentateurs précédents sur les décharges électriques par vide.

Il n'est pas destiné ici à retracer les travaux antérieurs du professeur Crookes, l'inventeur du radiomètre, qui est actionné par les rayons de chaleur de la lumière, ni de Hertz, qui a trouvé que la feuille d'or était transparente aux rayons émanant de certains tubes à vide porteurs d'une décharge électrique lumineuse. C'est principalement le but de ces pages de donner des directions pour des travaux pratiques, et non de traiter de théories, aussi intéressantes soient-elles. Au début de l'enquête aux rayons X, de nombreuses affirmations ont été faites qui ont depuis été réfutées, mais les opérations fondamentales restent les mêmes. Un tube de Crookes de conception spéciale est alimenté par une bobine ou un distributeur électrique similaire, et au moyen des rayons résultants, autrement les objets opaques apparaissent partiellement transparents, leurs ombres étant projetées sur l'écran d'un fluoroscope, ou ces ombres sont autorisées à agir sur un plaque photographique sensibilisée, et le développement ultérieur révèle des contours ou des ombres. L'agencement général de l'appareil est illustré à la Fig. 72. *C*est une bobine de Ruhmkorff, donnant pas moins de 2 pouces d'étincelle; *B* la batterie fonctionne de la même manière; *T* la forme modifiée du tube de Crookes utilisée le plus généralement; *X* l'objet observé; *F* le fluoroscope ou la plaque photographique sensibilisée. Des précautions habituelles sont prises pour éviter les fuites de courant des fils secondaires, le tube *T* étant au mieux monté sur un support en bois (Fig. 72), et les connexions des fils y étant le plus directes possible. Aucun condenseur, support, etc., ne sont représentés sur le dessin, pour éviter toute complication inutile.

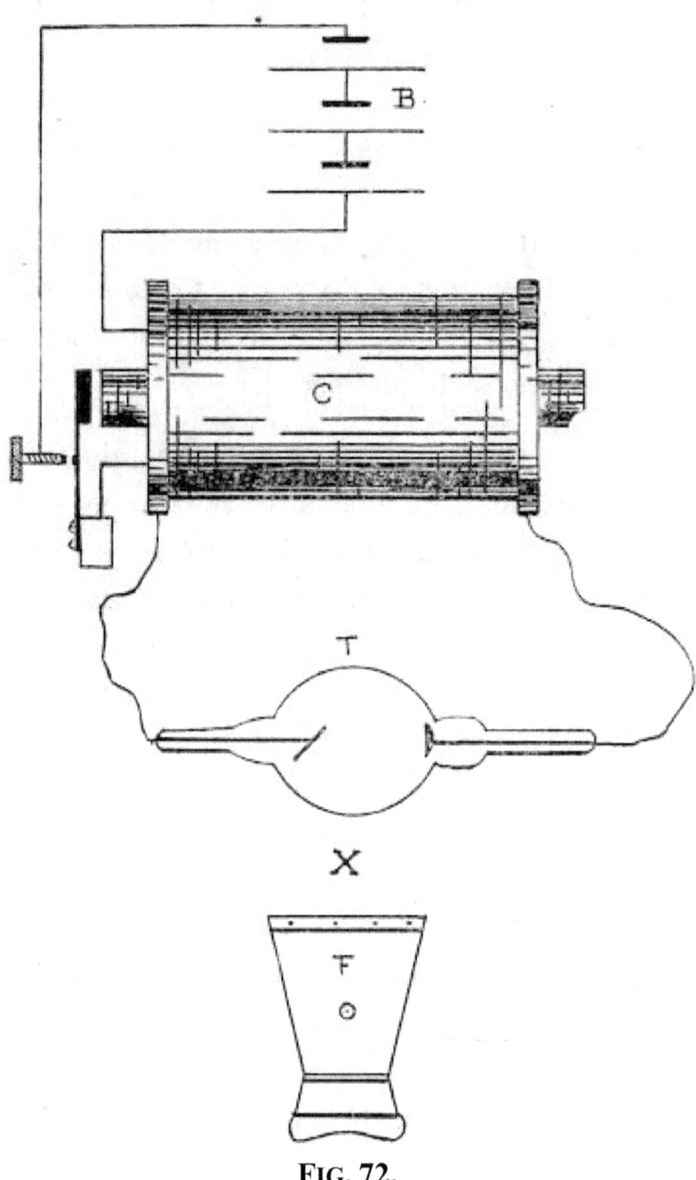

FIG. 72.

237

LE FLUOROSCOPE.

Il s'agit d'une boîte en carton en forme d'entonnoir avec une ouverture à l'extré-mité la plus petite pour les yeux et un morceau de carton à l'extrémité la plus grande. La surface intérieure de cette carte est recouverte de cristaux de platino cyanure de baryum, la substance fluorescente la plus satisfaisante pouvant être obtenue. Les fluoroscopes antérieurs étaient fabriqués avec du tungstate de calcium, mais le sel ci-dessus s'est avéré beaucoup plus satisfaisant. Le fonctionnement du fluoroscope est simple. Il est tenu dans la main par une poignée pratique, l'extrémité ouverte pressée près des yeux, de manière à exclure l'extérieur léger, et avec la main ou un autre objet maintenu contre l'extérieur du grand bout, ou de l'écran, il est dirigé vers le tube de Crookes. L'écran semble alors briller d'une lumière bleuâtre, et l'ombre de l'objet est distinctement vue sur l'écran. Différents réglages de la bobine donnent des résultats qui seront traités ultérieurement.

TUBE DE PHOSPHORE.

MM. Siemens et Halske ont fabriqué un tube permettant une légère variation du vide en utilisant la vapeur de phosphore. Un tube auxiliaire contenant du phosphore a été ajouté au tube principal, et lorsque de la chaleur y est appliquée au moyen d'une lampe, de la vapeur est dégagée, ce qui réduit sensiblement le vide du tube principal. Lorsque le résultat opposé est souhaité, une partie du courant est détournée à travers le tube auxiliaire, et la vapeur est amenée à se solidifier sur les parois du tube.

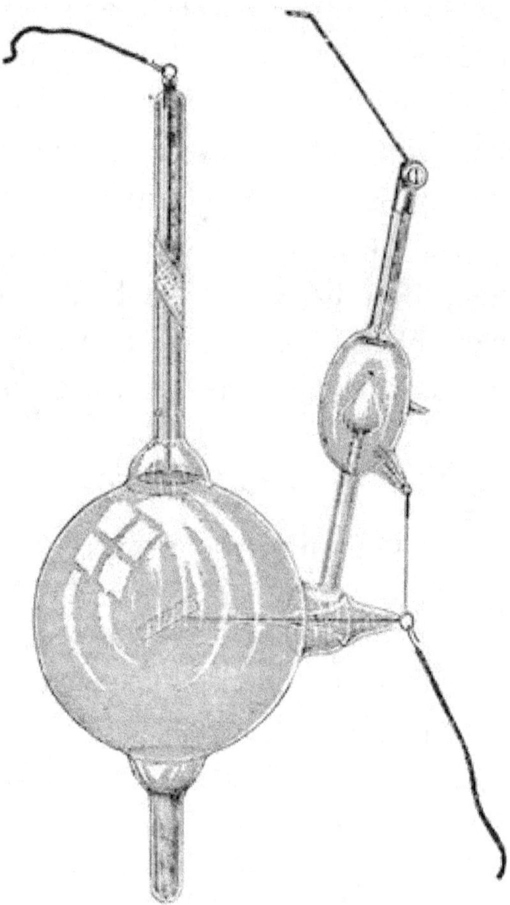

FIG. 73.

LE TUBE DE CROOKES.

Le tube le plus satisfaisant pour le travail aux rayons X est celui où le vide est facilement réglable. La référence à la figure 73 montre la forme Queen. Une petite ampoule, contenant un produit chimique qui dégage de la vapeur lorsqu'elle est chauffée et la réabsorbe lorsqu'elle est refroidie, est directement connectée au tube principal et entourée d'un tube auxiliaire, qui est évacué sous un vide faible. Dans le tube auxiliaire, la cathode est opposée à l'ampoule susmentionnée, de sorte que toute décharge à travers elle chauffera l'ampoule par le bombardement des rayons cathodiques. La cathode est connectée à un point d'étincelle, qui peut être ajusté à n'importe quelle distance de la cathode du tube principal. L'anode du petit tube est directement reliée à celle du tube principal. Lors de la mise en service du tube, le vide et, par conséquent, la résistance du tube principal étant élevés, le produit chimique pendant quelques secondes jusqu'à ce qu'une quantité suffisante de vapeur ait été entraînée dans le tube principal pour permettre au courant de passer à travers ce dernier. Après cela, seule une étincelle occasionnelle sautera à travers l'espace pour contrer la tendance de la réabsorption de la vapeur et l'augmentation conséquente de la résistance du tube principal.

Cet appareil présente des moyens faciles de régler le vide dans le tube principal. Avec le point d'étincelle à une distance considérable de la cathode, le vide sera élevé. Lorsque l'éclateur est court, le vide devient faible. L'ampoule principale mesure environ 4½ pouces de diamètre et à l'endroit où les rayons X passent seulement $^1/_{64}$ pouces d'épaisseur. La cathode est en aluminium, l'anode en platine. En démarrant ce tube, il est préférable de faire l'éclateur d'environ un pouce de largeur. Lorsqu'elle est connectée et fonctionne correctement, l'ampoule principale sera remplie d'une luminosité striée verte entre l'anode et la cathode, et la pointe de l'ampoule chimique aura l'ombre du petit platine pourboire jeté dessus. Le feu vert n'est pas toujours brillant; il est parfois assez faible, mais fait pourtant bien son travail. Une lumière verte brillante est souvent l'un des signes d'une mauvaise connexion, en particulier lorsque la petite ombre sur l'ampoule chimique est absente. Ne jamais faire fonctionner ces tubes ou tout autre tube à l'envers, mais assurez-vous que le courant circule dans la bonne direction lors de la première utilisation.

D'autres formes de tubes de Crookes ne diffèrent que par la forme, ou sont dépourvues de réglage, et les connexions de bobine, de tube, etc., sont les mêmes.

REMARQUES GENERALES.

Un vide poussé donne un pouvoir de pénétration supérieur à un vide faible. Lorsque l'opérateur n'a pas de tube réglable, il est impératif qu'il ait au moins deux tubes, un haut et un bas. Ce sont les contrastes qui rendent la radiographie pratique, et ces contrastes sont largement régis par le vide. En localisant une substance métallique dans le corps humain, un tube à vide poussé serait nécessaire, que les os et les tissus denses soient rendus plus transparents. Par contre, pour faire une radiographie des os, un vide plus faible est nécessaire afin d'obtenir un contraste entre les os et les tissus. En général, un vide poussé est le meilleur pour le travail au fluoroscope et un vide faible pour faire des images sur une plaque photographique. Les courtes expositions en radiographie sont obtenues par des rayons puissants et par conséquent par des bobines fonctionnant à une énergie considérable. Lors d'examens prolongés ou lorsqu'un sujet est sous les rayons X pendant plus d'une minute environ, un écran doit être interposé entre le sujet et le tube pour éviter l'effet de brûlure qui est souvent perceptible. Cet écran se compose d'un morceau de carton bien recouvert de feuille d'or, et doit être mis à la terre, c'est-à-dire une connexion soit exécutée de la surface dorée à une conduite d'eau ou à une autre connexion à la terre. La feuille de plomb est un écran efficace aux rayons, et, si on le souhaite, un écran de plomb peut être réalisé, enfermant partiellement l'appareil, pour protéger l'opérateur. Mais ça doit être suffisamment grand et suffisamment éloigné de la bobine et du tube pour éviter toute possibilité de fuite de courant ou même d'influence inductive. Lors du fonctionnement des machines à rayons X, n'essayez jamais de modifier les connexions ou de faire des réglages autres qu'au niveau de la vis de platine de la bobine ou de l'éclateur à tube de Crookes sans d'abord couper le courant. N'oubliez pas qu'un choc très désagréable peut être facilement obtenu en touchant l'appareil d'une seule main. Il est souvent conseillé de retirer sa montre, notamment lors de l'utilisation de résistances Ruhmkorff de grande taille.

Le tube peut être travaillé jusqu'à ce qu'il présente une légère rougeur au centre du platine, mais il faut alors prendre soin de ne pas augmenter le courant, sinon le platine fondra. Ne laissez jamais le tube entrer en contact avec un objet autre que son support et ses connexions pendant le travail, et assurez-vous que les fils du secondaire ne s'approchent pas du tube jusqu'à ce qu'ils atteignent les points de fixation, ou ils peuvent étinceler à travers le verre et endommager le tube.

En réalisant des radiographies sur des plaques les plaques inutilisées doivent être maintenues à une distance considérable de la bobine pendant le travail. Mieux encore s'ils sont dans une autre pièce. Les plaques pour le travail aux rayons X sont fabriquées par la plupart des revendeurs de fournitures photographiques; en fait, presque toutes les bonnes marques de plaques sensibilisées ou même de films répondront. Lors de la réalisation d'une radiographie, la plaque peut être laissée dans le support ou bien enveloppée dans du papier noir, mais le courant ne doit jamais être activé sur la bobine avant que la plaque et le sujet ne soient en position. En photographiant la poitrine, le cou, etc., la plaque peut être attachée à la pièce; mais le sujet doit rester absolument immobile. Le temps d'exposition varie considérablement avec la taille de la bobine, l'épaisseur de l'objet, etc. Les radiographies de la main ont été prises en posant simplement la main sur le dessus du support de plaque et du tube pendant 100 secondes. Mais, en règle générale, des expositions plus longues sont nécessaires. La plupart des radiographies nécessitent généralement que la plaque soit "intensifiée" et un révélateur utilisé qui donne beaucoup de détails, comme le métol quinol, etc.247 doit être exercé dans le développement de la plaque, car beaucoup de bonnes radiographies ont été gâchées par une hâte excessive.

CHAPITRE XIV: TÉLÉGRAPHIE SANS FIL.

Au chapitre XII. nous avons montré comment le Dr Hertz faisait passer des ondes électriques à travers l'espace et devenait visible par des étincelles à travers un entrefer dans un anneau de fil situé à distance de la source d'énergie. L'appareil utilisé, et appelé résonateur électrique, est en principe similaire à celui du télégraphe sans fil. Les minuscules étincelles au lieu de passer paresseusement à travers l'entrefer sont amenées à traverser un "cohéreur" (qui sera ensuite décrit plus en détail). Ce "cohéreur" consiste essentiellement en une résistance, de préférence des limailles métalliques placées en série, avec une batterie et un relais. Normalement, la résistance est tellement ajustée que le courant de la batterie n'est pas assez fort pour faire fonctionner le relais. Un fil est conduit d'un côté de ce cohéreur dans les airs pour intercepter les ondes hertziennes, l'autre côté du cohéreur est mis à la terre, ou «mis à la terre». Lorsqu'une onde frappe le fil à air, elle envoie un courant à travers le cohéreur vers la terre (comme auparavant elle envoyait une étincelle à travers l'entrefer), et cette onde agit sur les limailles lors de son passage à travers eux; en effet, pour abaisser leur résistance, de sorte que le courant est augmenté à travers le circuit relais et que l'armature du relais est attirée vers son aimant. Le relais établit le contact de la manière habituelle aux points de platine, et à son tour amène le circuit local, le sondeur, la cloche ou le stylo à enregistrer l'onde (ou le signal). Après chaque vague, les dépôts sont dans un état tel que, pour les restaurer à leur ancienne résistance élevée, il est nécessaire de donner au cohéreur un robinet intelligent.

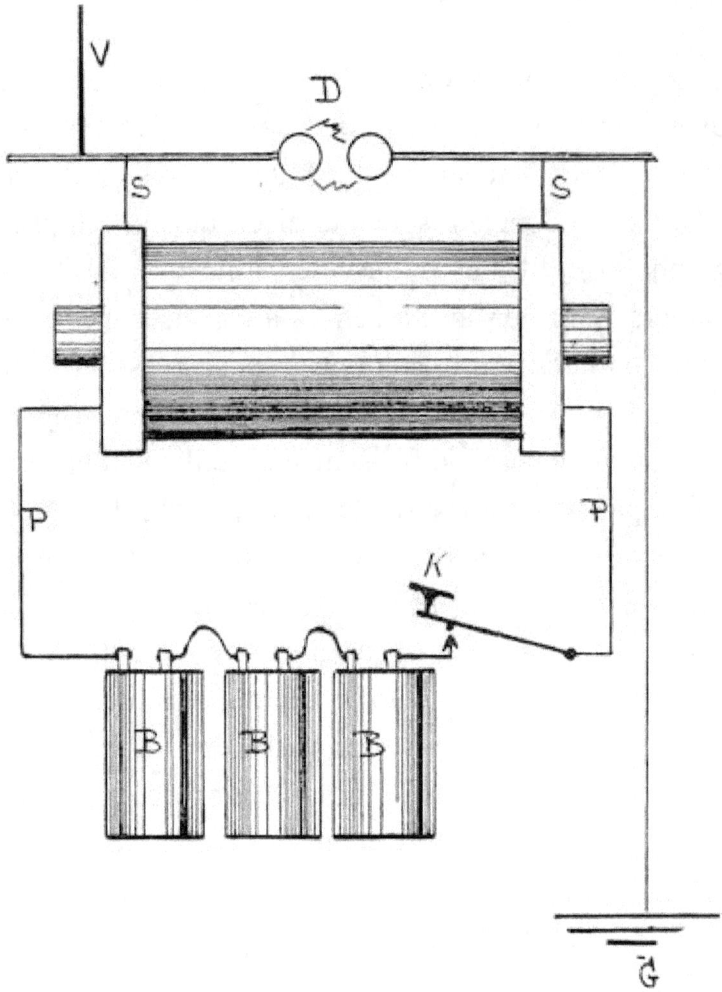

FIG. 74.

Les figures 74 et 75 sont des schémas d'un circuit simple, la figure 74 étant l'appareil d'émission et la figure 75 l'appareil de réception.

Sur la figure 74, PP et SS sont le primaire et le secondaire d'une bobine de Ruhmkorff, D deux billes en laiton sur le déchargeur, B la batterie, K une clé, à la place du disjoncteur de contact habituel, qui est soit absent, soit vissé; V un fil menant d'un bras du déchargeur vers le haut dans l'air, d'une hauteur variant avec les résultats souhaités; G une plaque de masse en liaison avec l'autre bras de décharge.

Le condenseur du serpentin est omis du diagramme par souci de clarté; mais, bien sûr, est nécessaire au fonctionnement de l'appareil.

Sur la figure 75, *C* est le cohéreur, également appelé tube de Branly, ou conducteur radio; *S* un sondeur télégraphique ou une cloche électrique; *R* un relais; *RB* et *LB* la batterie de relais et la batterie locale, respectivement; *G* une connexion à la terre; *M* une résistance, ou bobine d'arrêt, et *V* un fil vertical, comme dans l'émetteur; dans le fait, dans la station, réglez les mêmes réponses de fil vertical pour l'émetteur et le récepteur.

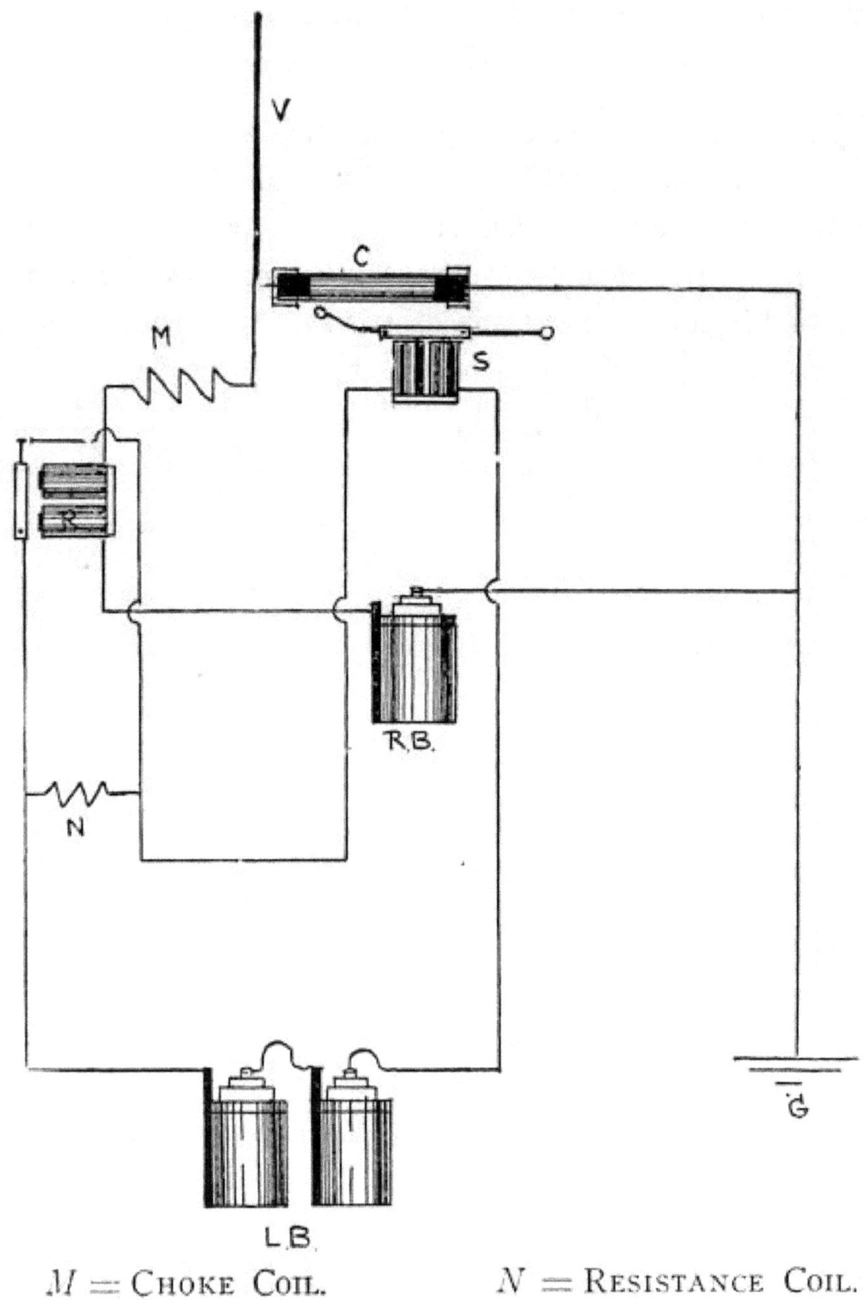

M = CHOKE COIL. N = RESISTANCE COIL.

FIG. 75.

La bobine à utiliser peut avoir une étincelle de deux pouces vers le haut, en fonction de la distance que les signaux doivent parcourir. La batterie relais peut être constituée de deux cellules de batterie sèche, la batterie locale autant que l'on le souhaite pour faire fonctionner la sonnerie, le sondeur ou le stylo enregistreur recevant les signaux. En supposant que l'appareil est installé et réglé, et en désignant l'émetteur comme Station A et le récepteur comme Station B, l'opération sera la suivante: Une pression et un relâchement de la touche K envoie une impulsion de courant à travers le primaire P, induisant un courant dans S, qui se manifeste par une étincelle entre les billes d'éclateur à D. Une onde électrique est libérée, qui, à partir de V, Station A, rencontre dans son passage V de la station B. déplacement le long de ce câble dans le sol, il trouve deux chemins de passage C ou R. Comme la bobine d'arrêt le dissuade de passer à travers le relais, il trouve un passage à travers C et donc à la masse.

LE COHERER.

De nombreuses formes de cet appareil sont utilisées, mais à ce jour aucune conception définie ne peut être recommandée à des fins spécifiques. Le mode de construction le plus général est celui du Branley Coherer, comme le montre la Fig.76.

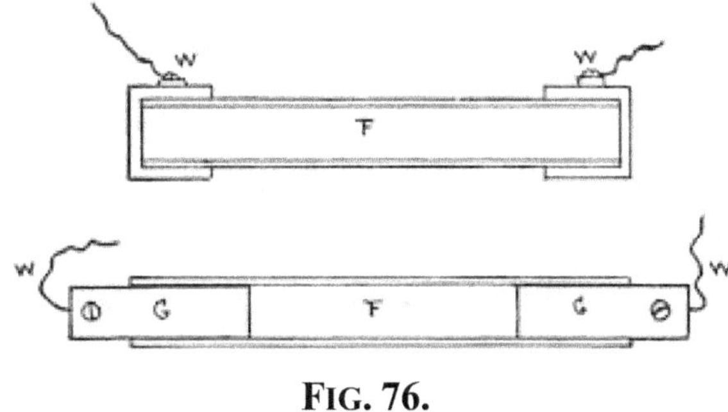

FIG. 76.

Il se compose d'un tube en verre de 2 pouces de long sur ¼ de pouce de diamètre intérieur, muni de bouchons métalliques bien ajustés à chaque extrémité, auxquels sont effectués les connexions. Ces bouchons peuvent être glissés dans et hors du tube pour le réglage, l'espace entre eux étant légèrement rempli de limaille fine de métal. Le métal utilisé varie selon la préférence de l'opérateur, le plus généralement adopté étant le nickel pur aussi bien pour les bouchons que pour les limailles. Un autre mode de construction à usage purement expérimental consiste simplement à boucher les extrémités du tube et à faire passer les fils à travers ces bouchons dans les limailles, assurant cependant un bon contact entre les fils et les limailles. La forme préférée de Marconi est un tube de verre de deux pouces de long avec des bouchons en argent, chacun d'un quart de pouce de long, à chaque extrémité, l'espace intermédiaire étant partiellement rempli d'un mélange de limaille de nickel et d'argent. Ces bouchons sont ensuite ajustés à aussi près que un vingt-cinquième de pouce, et tout l'appareil est évacué d'air soit au moyen d'un tube d'entrée, soit en plaçant le cohéreur dans un récipient à partir duquel l'air peut être aspiré. Comme règle,

CARBON COHERER.

Des tiges de carbone pointues peuvent être insérées dans le tube au lieu de métal, et de la poussière de carbone remplacée par la limaille métallique; mais ce formulaire ne convient qu'à des fins spéciales. Il est très délicat dans son action, mais quelque peu incertain.

COHERER SANS DEPOT.

Si ce n'était pour des raisons telles que la difficulté de décohérence, les limailles métalliques pourraient être supprimées et deux tiges métalliques placées en léger contact. La construction du cohéreur rappelle beaucoup le microphone, un cohéreur satisfaisant ayant été réalisé à partir de l'ancien "microphone à clou", quatre clous en fils se croisant dans le circuit de la batterie, dans un cas agissant comme un émetteur sonore, d'où le nom; dans l'autre comme un cohérent.

COHERER EN ALUMINIUM.

L'aluminium, un métal qui n'a cessé de croître en faveur, et qui peut maintenant être facilement obtenu, peut être amené à servir dans le présent appareil à la place du nickel à la fois en ce qui concerne les électrodes et les limailles. Il est cependant conseillé d'utiliser des électrodes en aluminium de diamètre légèrement plus grand que celles des autres métaux.

BILLE D'ACIER COHERER.

Un écrivain récent a recommandé l'utilisation de billes d'acier, telles que celles utilisées dans les roulements à billes, ne dépassant cependant pas diameter de pouce de diamètre. Un tel cohéreur prendrait la forme d'un tube de verre vertical, avec des électrodes exerçant une pression sur une série de quatre billes d'acier ou plus. La décohérence devient ici difficile, et il n'en est fait mention que pour montrer la variété des formes que peut prendre ce petit article important.

Les cohérents sont ajustés en avançant ou recul des électrodes, modification de la quantité de limaille, etc. Il existe peu de difficultés à faire fonctionner les cohéreurs; une grande latitude est permise quant à l'ajustement, la taille, le caractère, etc. Il ne semble pas tant de difficulté à obtenir la sensibilité qu'à se prémunir contre les perturbations électriques extérieures. Des ailes ou des aubes de tôle mince sont parfois fixées aux extrémités métalliques ou électrodes du cohéreur à des fins de réglage, leur taille et leur capacité étant déterminées par l'expérience. Il est préférable qu'ils ne présentent pas d'angles vifs, mais qu'ils soient de forme disque ou sphérique, pour mieux ne pas dissiper d'énergie.

L'OSCILLATEUR.

C'est le nom donné au dispositif aux extrémités du déchargeur, D étant le point où les oscillations électriques, ou ondes, sont rayonnées.

OSCILLATEUR DE CLARKE.

Il se compose de deux sphères en laiton, généralement de 3 pouces de diamètre, et montées sur un support ou parfois sur le dessus de la bobine d'induction. La distance entre les billes est facilement réglable soit en fixant les billes aux extrémités de deux tiges coulissantes, soit en faisant glisser les billes elles-mêmes sur les tiges (Fig. 77).

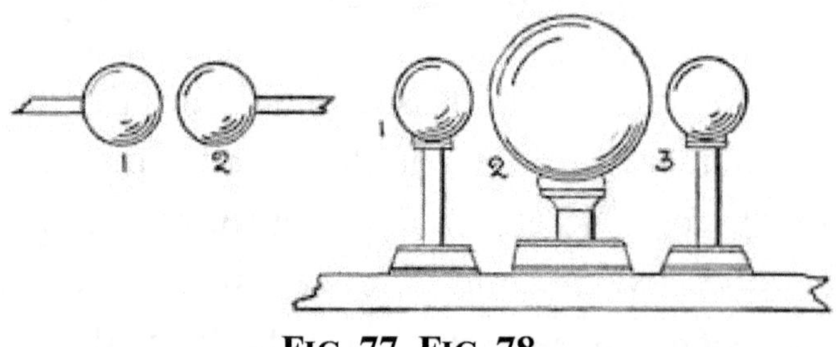

FIG. 77. FIG. 78.

TRIPLE OSCILLATEUR.

Ici, trois billes sont utilisées, deux extérieures connectées au circuit, mesurant un demi-pouce diamètre, et celui du milieu, isolé de toute connexion, de trois pouces de diamètre. Cette forme est mieux montée sur un support séparé, les balles étant soit sur des pieds en verre soit en caoutchouc dur (Fig. 78). Les fils de connexion du secondaire de la bobine doivent dans tous les cas être acheminés avec les plus grandes précautions contre les croix, comme indiqué au chapitre V.

Il est possible de réaliser de nombreuses conceptions différentes d'oscillateurs. Certains expérimentateurs utilisent la forme simple de Clarke, d'autres préfèrent les triples boules; cependant, encore une fois, d'autres varient les tailles et les tailles relatives des balles. Une forme d'oscillateur prescrit que les billes soient immergées dans de l'huile ou de la vaseline. Ces méthodes ont toutes leurs adhérents. Même les pointes simples d'un déchargeur de bobine d'induction serviront pour le travail à courte distance.

Les oscillateurs sont ajustés en modifiant leur proximité les uns par rapport aux autres, et doivent avoir soin de garder les sphères lumineuses. Il est facile de modifier la capacité d'un oscillateur en connectant ses sphères à d'autres sphères isolées.

LA BOBINE.

La bobine pour la télégraphie sans fil ne diffère pas du Ruhmkorff ordinaire, sauf qu'à la place du disjoncteur de contact, un signal ou une clé de télégraphe Morse est remplacé. Bien entendu, le disjoncteur de contact peut être amené à effectuer le même devoir en rétractant la vis de réglage hors de portée du platine sur le ressort, puis en actionnant le marteau et le ressort de la même manière que la clé.

TRADUIRE DES APPAREILS.

Sous cette tête sont inclus un relais sonore, une cloche ou un registre, qui sont au poste de réception. Ils ne diffèrent pas de l'appareil télégraphique ordinaire. Le sondeur peut être du modèle Western Union, enroulé à 4 ohms; le relais a également le modèle Western Union, et enroulé à 150 ou 250 ohms, comme il convient le mieux au cas individuel.

Afin de protéger le récepteur de l'action de l'émetteur appartenant au même ensemble d'instruments, en particulier lorsque des ondes puissantes sont générées, il s'est avéré parfois nécessaire d'enfermer le récepteur dans un boîtier métallique. Marconi détient des brevets sur de tels appareils, en particulier sur un volet mobile dans le boîtier, qui s'ouvre lorsque l'émetteur n'est pas en fonctionnement. Edouard Branly a placé son ensemble de réception dans un boîtier métallique avec une fente verticale de huit pouces sur un dixième de pouce.

CONDUCTEUR D'AIR.

Le fil vertical s'étendant du cohéreur vers le haut dans l'air doit être isolé de tous les autres objets de la meilleure manière possible. Un fil de cuivre nu de calibre n ° 14 B & S peut être suspendu à des boutons isolants en porcelaine, qui à leur tour peuvent être enfilés les uns des autres au moyen d'un gros cordon de soie ou même d'un fil. Il existe une forme spéciale d'isolant utilisée dans les travaux de construction électrique, et connue sous le nom de disjoncteur, qui répondra et qui est facile à utiliser. attachement; la référence à la Fig. 79 montrera la manière d'utiliser.

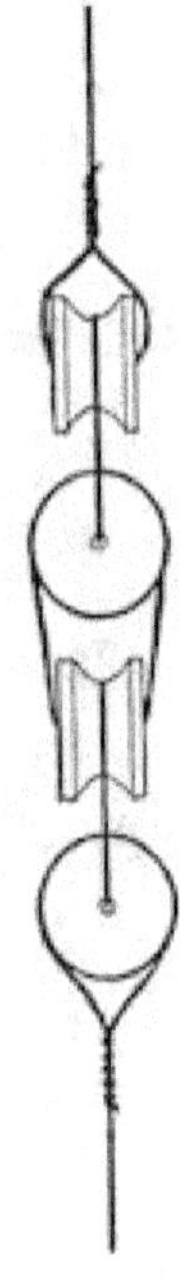

FIG. 79.

Des motifs temporaires peuvent être créés pour les conduites d'eau, mais il est préférable d'utiliser des plaques de terre en cuivre pour téléphone ordinaire enfoncées profondément dans la terre humide.

A South Foreland, en Angleterre, un mât a été érigé, d'une hauteur de 150 pieds pour la transmission à travers la Manche, sur une distance de près de trente miles. À l'Université Notre Dame, dans l'Illinois, le professeur Green a utilisé un fil de 150 pieds de long, suspendu au sommet d'une haute tour d'église, mais n'a pas été en mesure de transmettre beaucoup plus de trois miles, en raison, vraisemblablement, du fait que le pays intervenant était bien approvisionné en les fils aériens, qui ont probablement intercepté les vagues.

Il a été affirmé que des fils d'air mis à la terre ou mis à la terre sont nécessaires, mais des billes ou des "capacités" similaires ne sont pas utiles sur le dessus du fil. Une théorie a été avancée que les courants ne passent pas de la pointe du fil à air à la pointe du fil à air, mais sont conduits par les différentes couches de la terre. Aucune confirmation générale ne peut cependant être obtenue et le lecteur

164

expérimental trouvera un vaste champ de recherche dans ce sens. Marconi, d'un autre côté, a beaucoup accompli avec des cylindres de zinc de moins de six pieds de haut, *sans mise à la terre du tout* , en effet, et il trouve également impossible de prendre une proportion entre la distance d'effet et la hauteur du fil à air. Les investigations et expériences suivantes sont intéressantes à cet égard:

Lors d'une réunion de l'Institution of Electrical Engineers, en décembre 1898, le Dr Oliver Lodge montra qu'il devait y avoir une certaine position relative entre les circuits de réception et de transmission.

Il a placé sur un côté d'une pièce une boîte, contenant une batterie, une cloche, un relais et un cohéreur correctement connectés. De l'autre côté, il avait une bobine d'induction et une paire de tiges de décharge parallèles, avec un éclateur pour transmettre les ondes à travers la pièce. Quand les tiges du récepteur et de l'émetteur étaient placés parallèlement l'un à l'autre, la sonnerie de réception était actionnée; lorsque les tiges de réception de l'émetteur étaient perpendiculaires à celles du récepteur, la cloche ne fonctionnait pas ou s'affaiblissait considérablement. Il a également parlé d'une expérience visant à déterminer l'influence de différentes méthodes de mise à la terre de l'appareil. Il a constaté que lorsque l'appareil était connecté par un fil posé au sol, il y avait la réponse requise à la station de réception; mais lorsque les deux stations étaient situées de chaque côté d'un lac, et les fils de terre immergés dans l'eau, l'instrument de réception ne fonctionnait pas. Il lui a semblé que la conductivité et l'absorption de puissance de l'énergie des vagues d'éther par l'eau étaient trop importantes pour permettre la transmission des ondes de Hertz.

BIBLIOGRAPHIE

RÉFÉRENCE GÉNÉRALE

L'électricité, sa théorie, ses sources et ses applications, par JOHN T. SPRAGUE . 3e édition.

Bobines d'induction et fabrication de bobines, par FC ALLSOP .

La construction de grandes bobines d'induction, un manuel d'atelier, par A. THARE . Illustré.

Un manuel d'électricité, par HM NOAD , Ph.D. Londres, 1859. (*Rare.*)

Électrique pratique.

Dictionnaire électrique de Sloane.

Dictionnaire électrique de Houston.

Électricité et magnétisme, par le PROFESSEUR SILVANUS P. THOMPSON .

BATTERIES

Petits accumulateurs et comment les fabriquer, par P. MARSHALL .

Batteries primaires, par HS CARHART .

Électrique pratique.

Batteries électriques, comment les fabriquer, par P. MARSHALL .

TÉLÉGRAPHIE SANS FIL

Une histoire de la télégraphie sans fil, par JJ FAHIE .

Améliorations de la télégraphie spatiale magnétique, de la télégraphie par induction magnétique et de la télégraphie éthérique, par SIR WH PREECE , S. EVERSHED et OLIVER LODGE .

Résumés scientifiques, physique et génie électrique.

L'ingénieur modèle et électricien amateur.

Instruments de la reine

Bobines d'induction capables de produire des étincelles épaisses et lourdes de 60 "à ¼" de longueur. Fabriqué dans 15 styles différents pour des courants directs ou alternatifs de toute tension.

Tubes à rayons X qui ont un dispositif de régulation automatique du vide au moyen duquel des rayons de pouvoir pénétrant peuvent être obtenus. Nos tubes ont de grandes ampoules claires avec une grande capacité de courant et une définition nette.

Fluoroscopes de cyanure de baryum Platino ou de tungstate de calcium avec écrans amovibles. Permanent et brillant.

Accessoires - tels que les **supports de tubes**, les **vibrateurs indépendants**, les **interrupteurs Wehnelt**, les **appareils de localisation**, les **écrans de protection**, la **table radiographique**, **les plaques à rayons X**, les **batteries de stockage**, les **transformateurs de moteur**, les **archives du Roentgen Ray** - tout pour rendre le travail X Ray simple et réussi.

Instruments de test électrique, compteurs, appareils photo-métriques

Queen & Co. (Incorporated)

JG GRAY, président

1010   Chestnut   Street
Philadelphie, Pennsylvanie.

59   Cinquième   Avenue,
New York

<table>
<tr><td>

L' **inventeur américain**

•

</td><td>

PUBLIÉ AU
1302
F. Street, NW
Washington, DC
Le premier et le quinzième
de chaque
mois.

</td></tr>
</table>

Est le média reconnu entre le
Capital et l'Industrie.

Cela atteint

LE FABRICANT,   L'ARCHITECTE,

LE CAPITALISTE,   LE CONTRACTEUR,

LE PROMOTEUR,   L'INVENTEUR,

LES GENS QUI ONT DE L'ARGENT À DÉPENSER.
LES GENS QUI LE DÉPENSENT.

d'abonnement 1,00 $ par an (2,00 $ étranger), et agents recherchés sur commission libérale dans toutes les régions du pays et en Europe. Envoyer pour un exemple de copie. Tarifs publicitaires, selon la carte publiée, fournis sur demande.

Adresse
The American Inventor,

1302 F. St., NW, Washington, DC, USA

Le MANUEL DES MOTEURS A ESSENCE

Par EW ROBERTS, ME

s'est imposé comme un standard de référence en

ENGINERIE À GAZ.

2000 exemplaires vendus en un an.

Le livre contient 234 pages du type d'informations que vous recherchez sur les moteurs à essence. Il explique leurs principes de fonctionnement, leurs défauts et les remèdes qui s'appliquent, comment les exécuter, comment les concevoir et comment faire un test complet. Toutes les règles et formules sont simples et faciles à comprendre par le mécanicien moyen.

"Toutes les informations les plus essentielles liées au moteur à essence ou à essence." - *American Machinist.*

"Le seul livre pratique du genre." - *Engineering and Mining Journal.*

"Caractère éminemment pratique." - *électricien américain.*

"Juste le type d'information que l'acheteur et l'utilisateur d'un moteur à essence veulent et trouve le plus difficile à obtenir." - *Mines et minéraux.*

"Il traite de presque toutes les phases du sujet." - *L'ingénieur.*

"On y trouve tous les éléments essentiels de la construction et de l'exploitation." - *The Automobile Review.*

Le livre est publié en format de poche pratique $3\frac{1}{2} \times 5\frac{1}{2}$ pouces et est magnifiquement relié en cuir souple.

Envoyé prépayé à n'importe quelle adresse pour 1,50 $

Le gaz moteur Publishing Co.

ÉGALEMENT ÉDITEURS DE

LE MAGAZINE DES MOTEURS À GAZ,

330 West Ninth St., CINCINNATI, O.

N ° 1. Harrison Cell

LA CELLULE À CIRCUIT OUVERT LA PLUS PUISSANTE FABRIQUÉE.

EMF 2,5 Volts.

Non Local Action.

Capacité 40 Ampère Heures.

Non Rampant Sels.

Fortement recommandé pour tous les types de travaux en circuit ouvert tels que les téléphones, les moteurs à essence, les cloches, l'éclairage à gaz automatique et les équipements médicaux. Garanti de faire tout ce qui est réclamé pour cela.

HARRISON BROS. & CO., Incorporée.

CRÊME PHILADELPHIA. CHICAGO. NEW YORK.

JH LEHMAN,

directeur du département électrique, 102 Times Building, New York.

Batterie sèche Mesco

PLUS DE 1000000 VENDUS PAR AN

Peut être acheté dans toutes les villes et la plupart des villes des États-Unis chez les revendeurs de fournitures électriques. Prix bas comme des piles sèches sans valeur. Nous sommes les plus grands fabricants de fournitures électriques générales dans ce pays. Catalogue publié chaque année.

Manhattan Electrical Supply Co. ==========

32 Cortlandt Street, État de New York

À NOS LECTEURS

ÊTES-VOUS *SUR* *LE* *MARCHÉ* *DES* BOBINES, *DES* TUBES X-RAY, *DES* BATTERIES OU DE TOUT APPAREIL ÉLECTRIQUE?

SI *OUI*

Envoyez à nos annonceurs pour leurs catalogues et prix avant d'acheter.

BON LIVRES

Batteries électriques, comment les fabriquer et les utiliser, par P. MARSHALL . 12mo, illustré. Papier, - 25 cts.

Tournage de métal. Cours pratiques de tournage de métaux. Un manuel pour les jeunes ingénieurs et amateurs, par P. MARSHALL . Entièrement illustré, tissu, - 80 cts.

L'ABC de l'électricité, par WH MEADOWCROFT . Entièrement illustré, 12mo, tissu, - 50 cts.

Magnétisme et électricité, par JOHN COOK . Un bon livre pour les débutants. Illustré, 16mo, tissu, - 40 cts.

Protection contre la foudre, un traité pratique sur, par HW SPANG . Illustré, 12mo, tissu, - 75 cts.

Nous vous enverrons des copies de tout livre, postpayé, dès réception du prix.

SPON & CHAMBERLAIN , *éditeurs*

12 Cortlandt Street, New York, États-Unis

Lorsque vous écrivez aux annonceurs, veuillez mentionner NORRIE'S COILS .

Publié mensuellement.

ABSTRACTS SCIENTIFIQUES.

PHYSIQUE ET GENIE ELECTRIQUE.

L'objet de ce magazine est de faire des résumés de tous les articles importants lus devant les diverses sociétés scientifiques ou publiés dans les différents actes ou transactions de ces sociétés, ainsi que de tous les papiers et articles importants imprimés dans des revues techniques et des périodiques scientifiques américains et étrangers et pour classer et indexer les mêmes.

Science Abstracts se tiendra ainsi au courant des temps et de la place devant le bibliothécaire, l'ingénieur occupé ou le scientifique sous une forme compacte et pratique, un condensé complet de toutes les dernières informations sur

Physique générale, lumière, chaleur,
son, électricité, électrochimie
et physique chimique,
génie électrique général , dynamos, moteurs
et transformateurs, distribution d'énergie,
traction et éclairage, télégraphie et
téléphonie, centrales à vapeur, moteurs à gaz, moteurs
pétroliers et automobiles de toute sorte.

Avec index des résumés, index des auteurs.

Abonnement annuel, 6,00 $, postpayé.

SPON & CHAMBERLAIN ,

Sole American Agents,
12 Cortlandt Street, New York, États-Unis

EXEMPLES DE COPIES ENVOYÉES À TOUTE ADRESSE À LA RÉCEPTION DE 8 CENTS.

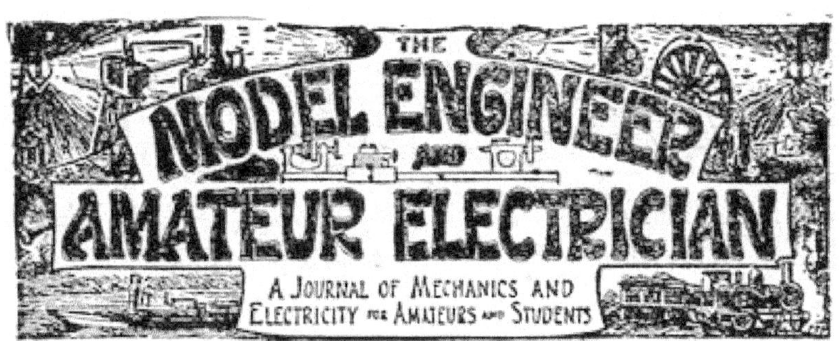

BIBLIOGRAPHIE

L'
INGÉNIEUR MODÈLE
ET
ÉLECTRICIEN AMATEUR

UN JOURNAL DE MECANIQUE ET D'
ELECTRICITE POUR LES AMATEURS ET LES ETUDIANTS

EDITE PAR PERCIVAL MARSHALL

SES BONS POINTS.

Mieux que n'importe quel article du genre jamais publié.

Les articles sont originaux et pratiques.

Les articles sont écrits si clairement et simplement et tout est si clair qu'il sera facile de suivre les instructions et de reproduire les articles décrits.

Articles spéciaux sur les modèles de moteurs et de chaudières pour yachts, torpilleurs et navires de guerre.

Conception et construction de modèles de yachts et de bateaux.

Fabrication de petits outils pour le travail de modèle.

La construction de petits moteurs à gaz.

Construction de tours de décolletage et de tournage.

Construire toutes sortes de modèles de moteurs à vapeur et de chaudières stationnaires et locomotives.

Les ingénieurs modèles et leur travail.

Construction de toutes sortes de machines électriques, appareils, bobines, batteries, téléphones, microphones, phonographes, nouveautés.

Les articles sont entièrement illustrés, principalement avec des dessins détaillés à l'échelle.

Nouveaux livres, notes et requêtes, notes d'atelier et conseils, outils et fournitures, etc.

ABONNEMENT ANNUEL, 1,50 $ POSTPAID.

Envoyez votre abonnement et demandez à vos amis de s'abonner. Les timbres-poste non utilisés seront acceptés (pas de revenus.) Adressez toutes les communications à

CUILLÈRE ET CHAMBERLAIN ,

12 Cortlandt Street, NEW YORK.

LIVRES UTILES

Baromètre. - La détermination barométrique des hauteurs. Une méthode pratique de nivellement barométrique et d'hypsométrie, pour les géomètres et les alpinistes. Par Dr.FJB Cordeiro, USN 12mo, cuir, — 1,00 USD

Dynamo. —Notes sur la conception d'une petite dynamo, avec un jeu complet de dessins à l'échelle. Par G. Halliday. 79 pages, illustré, 8vo, tissu, — 1,00 ‡

Cloches électriques. —Un traité sur la construction de cloches électriques, d'indicateurs et d'appareils similaires. Par FC Allsop. 131 pages, 177 illustrations, 12mo, tissu, — 1,25

Cloches électriques. —Fixation de cloche électrique pratique. Un traité sur l'aménagement et l'entretien des cloches électriques et de tous leurs appareils nécessaires. Par FC Allsop. 170 pages, 186 illustrations, 12mo, tissu, — 1,25

Notes électriques. —Notes et définitions électriques pratiques, à l'usage des étudiants en génie et des hommes pratiques. Par W. Perren Maycock, EE 286 pages, illustré, 32mo, tissu, — 0,75

Électricité. —Comparaisons entre les différents systèmes de distribution d'électricité. Par le professeur Henry Robinson. 8vo, papier, — 0,80

Galvanomètre. —Une série de conférences sur le galvanomètre et ses utilisations, dispensée par le professeur EL Nicols, et utilisée par lui dans sa classe à l'Université Cornell. 112 pages, 76 illustrations, 8vo, papier, — 1,00

BIBLIOGRAPHIE

Bobines d'induction et fabrication de bobines. Un traité sur la construction et le fonctionnement des bobines de choc, médicales et à étincelles. Par FC Allsop. 172 pages, 124 illustrations, 12mo, tissu,   1,25

Des mesures. —Un traité systématique sur les mesures électriques. Par HC Parker. 120 pages, 96 illustrations, 8vo, tissu,   1,00 ‡

Phonographe. —Le phonographe et comment le construire, et un chapitre sur le son, avec un ensemble complet de dessins de travail. 12mo, tissu,   2,00

Transformateur. —Histoire du transformateur, traduite de l'allemand. Par F. Uppenborn. 60 pages, 31 illustrations, 12mo,   0,75

Transformateur. —La conception des transformateurs, un traité sur leur conception, leur construction et leur utilisation. Par G. Adams. Dans l'œuvre, l'auteur a évité autant que possible toute matière historique et tous les problèmes mathématiques inutiles, et s'est confiné à l'expérience pratique. L'ouvrage contient de nombreuses informations qui s'avéreront utiles pour le dessinateur, le concepteur et l'élève électricien. Deuxième édition. 75 pages, 34 illustrations, 12mo, tissu,   1,50 ‡

Téléphones, etc. - Leur construction et leur équipement. Un traité pratique sur l'installation et l'entretien des téléphones et des appareils auxiliaires. Par FC Allsop. 5e édition, 184 pages, 13 planches pliantes et 124 illustrations, 12mo, tissu,   1,25

Aimants et courants électriques. Un traité élémentaire à l'usage des électriciens et des débutants. Par JA Fleming, MA, D.Sc., FRS, 408 pages, illustré, 12mo, tissu,   3,00

Reçus d'atelier.

LE PLUS COMPLET

Cyclopédie technique en 5 vol.

Première série. Contenu principal. —Bronzes, Ciments, Teinture, Electro-métallurgie, Emaux, Gravures, Feux d'artifice, Flux, Fulminates, Dorure, Gommes, Japanning, Laques, Travail du marbre, Nitro-Glycérine, Photographie, Poterie, Vernis. 420 pages, 103 illus., Tissu, 2,00 $.

Deuxième série. Contenu principal. —Acidimétrie, albumen, alcool, alcaloïdes, amers, blanchiment, incrustations de chaudière, nettoyage, confiserie, copie, désinfectants, essences, extraits, ignifugation, glycérine, intestin, iode, substituts d'ivoire, cuir, allumettes, pigments, peinture, papier , Parchemin. 485 pages, 16 illus., Tissu, 2,00 $.

Troisième série. Contenu principal. —Alliages, aluminium, antimoine, cuivre, électricité, émaux, verre, or, fer, acier, liqueurs, plomb, lubrifiants, magnésium, manganèse, mercure, mica, nickel, platine, argent, scories, étain, uranium, zinc. 480 pages, 183 illus., Tissu, 2,00 $.

Quatrième série. Contenu principal. —Imperméabilisation, emballage, rangement, embaumement, conservation, vernis à cuir, refroidissement à l'air et à l'eau, pompes et siphons, dessiccation, distillation, émulsification, évaporation, filtrage, percolation, macération, électrotypage, stéréotypage, reliure de livres, tressage de paille , Instruments de musique, Réparation d'horloge et de montre, Photographie. 443 pages, 243 illus., Tissu, 2 $.

Cinquième série. Contenu principal. - Découpe de diamants, appareils de laboratoire, filtrage, lanternes magiques, travail du métal, percolation, agents d'éclairage, pipes à tabac, robinets, matériel de liaison et d'épissage, réparation de livres, filets, bâtons de marche, construction de bateaux. 440 pages, 373 illus., Tissu, 2 $.

CHAQUE SÉRIE a son propre contenu et index et est complète en soi.

Nettoyage et récurage

UN MANUEL POUR

TEINTURES ET LINGERIES

Et pour un usage domestique.

PAR S. CHRISTOPHER.

CONTENU.

ROBES. —Soie, satin, popeline et tabinet irlandais, lama, alpaga, mousseline imprimée et piqué, piqué et mousseline colorée.

CHALES ET FOULARDS. —Crêpe de Chine, soie brodée ou imprimée et laine.

MOUCHOIRS EN SOIE, RUBANS, MANTEAUX, GILETS FANTAISIE ET DENTELLE. GANTS. —Kid, Washleather.

PLUMES. —Blanc, coloré; pour purifier - pour les lits, etc.

BONNETS. —Chip, Straw et Livourne. TAPISSERIE ANCIENNE.

RIDEAUX, MEUBLES DE LIT, ETC. —Chintz, damassé, damassé peignée et coton, damassé française — Moreen, tabaret ou tabbarea peigné en soie, satin, doublure Tammy, franges — Lingot et peigné, dentelle et guimpe — Bullion.

COUVERTURES DE TABLE. —Tissu en soie et peigné, coton et peigné et imprimé.

LES TAPIS. —Nettoyage à sec, nettoyage en profondeur.

HEARTHRUGS, TAPIS ET TAPIS EN PEAU DE MOUTON.

POUR ENLEVER DIVERSES TACHES SUR LE LIN ET LE COTON. —Taches de fruits, taches de graisse, taches d'encre, encre de marquage, moisissure, peinture ou vernis, taches de vin.

RECETTES A USAGE DOMESTIQUE GENERAL. - Toile huilée, peinture, sols, marbre, fer et acier, laiton ou cuivre, plaque d'argent, meubles, cadres dorés, ornements en ivoire, miroirs, papier peint, marches en pierre.

DEFINITIONS, ETC. - Panneaux, etc., pour le nettoyage français, la camphine, l'acide aigre-doux, le séchage, le cadre, le panneau français, la cuisinière chaude, les fers à repasser, la taille du parchemin, les chevilles, le perforateur, la taille, le savon, l'amidon, la manipulation, la mise en feuille, l'eau.

Prix 20 cents, post-payé.

Réfrigération à l'ammoniac

Un ouvrage de référence pour les ingénieurs et autres personnes employées dans la gestion des machines à glace et de réfrigération.

Par ILTYD I. REDWOOD

CONTENU

BTU équivalent mécanique d'une unité de chaleur. Chaleur spécifique. Chaleur latente. Théorie de la réfrigération. Congélation, par air comprimé. Ammoniac. Caractéristiques de l'ammoniac. Le compresseur. Boîtes de farce. Lubrification. Vannes d'aspiration et de refoulement. Séparateur. Condenseur-Worm, récepteur. Réfrigérateur ou réservoir de saumure. Taille du tuyau et surface de la surface de refroidissement. Charger l'usine avec de l'ammoniac. Jacket-Water, pour compresseur, pour séparateur. Quantité d'eau de condensation nécessaire. Perte due à l'échauffement de l'ammoniac condensé. Cause de la variation de la surpression. Utilisation de la pression de condensation pour déterminer la perte d'ammoniac par fuite. Refroidissement directement par l'ammoniac. Point de congélation de la saumure. Faire de la saumure. Chaleur spécifique de la saumure. Régulation de la température de la saumure. Effet indirect de la condensation de l'eau sur la température de la saumure. Instructions pour déterminer l'efficacité de la réfrigération. Équivalent d'une tonne de glace. Mesure du compresseur de l'ammoniac en circulation. Perte de compresseurs bien chemisés. Perte dans les compresseurs à double effet. Distribution de Mercury Wells. Examen des pièces de travail. Diagrammes d'indicateurs. Chiffres d'ammoniac - Déplacement effectif. Volume de gaz. Ammoniac circulé toutes les vingt-quatre heures. Efficacité frigorifique. Chiffres de saumure-gallons en circulation. Livres en circulation. Degrés refroidis. Total des degrés extraits. Perte due au chauffage du gaz ammoniac. Perte due à l'échauffement de l'ammoniac liquide. Calcul de la capacité maximale d'une machine. Préparation de l'ammoniac anhydre. Construction d'appareils, etc., etc. Chiffres d'ammoniac - Déplacement effectif. Volume de gaz. Ammoniac circulé toutes les vingt-quatre heures. Efficacité frigorifique. Chiffres de saumure-gallons en circulation. Livres en circulation. Degrés refroidis. Total des degrés extraits. Perte due au chauffage du gaz ammoniac. Perte due à l'échauffement de l'ammoniac liquide. Calcul de la capacité maximale d'une machine. Préparation de l'ammoniac anhydre. Construction d'appareils, etc., etc. Chiffres d'ammoniac - Déplacement effectif. Volume de gaz. Ammoniac circulé toutes les vingt-quatre heures. Efficacité frigorifique. Chiffres de saumure-gallons en circulation. Livres en circulation. Degrés refroidis. Total des degrés extraits. Perte due au chauffage du gaz ammoniac. Perte due à l'échauffement de l'ammoniac liquide. Calcul de la capacité maximale d'une machine. Préparation de l'ammoniac anhydre. Construction d'appareils, etc., etc.

150 pages, 15 illustrations, tissu, 1,00 $.

LUBRIFIANTS,

HUILES ET GRAISSES

Traités théoriquement et donnant des informations pratiques sur leur

COMPOSITION, UTILISATIONS ET FABRICATION

PAR ILTYD I. REDWOOD

CONTENU

INTRODUCTION. —Lubrifiants.

THEORIQUE. —Chapitre I. Huiles minérales: américaines et russes; Hydrocarbures. Chapitre II. Huiles grasses: glycérides; Les huiles végétales; Huiles de poisson. Chapitre III. Lubrifiants minéraux: graphite; Plombagine. Chapitre IV. Graisses: composées; "Set" ou Axle; "Bouilli" ou Coupe. Chapitre V. Essais des huiles: huiles minérales. Huiles grasses.

FABRICATION. —Chapitre VI. Lubrifiants à l'huile minérale: Huiles composées; Huiles effilochées. Chapitre VII. Graisses: Graisses composées; "Set" ou graisses d'essieu; Graisses bouillies; Graisses moteur. Appendice. L'action des huiles sur divers métaux. Indice.

LES TABLES. -JE. Viscosité et gravité spécifique. II. Poids atomiques. III. Origine, tests, etc. des huiles. IV. Action des huiles sur les métaux.

LISTE DES PLAQUES. —I. — II Appareil de mesure amélioré de Redwood. II. Bouilloire à graisse. III. Schéma de l'action des huiles sur différents types de métaux.

8vo, tissu, 1,50 $.

MANUEL PRATIQUE SUR

Moteurs à gaz

Avec des instructions pour l'entretien et le fonctionnement du même.
PAR G. LIECKFELD, CE
Traduit avec la permission de l'auteur par
GEORGE RICHMOND, MOI
AVEC UN CHAPITRE SUR LES MOTEURS A HUILE

CONTENU

Choisir et installer un moteur à essence. La construction de bons moteurs à gaz. Examen de fabrication, de fonctionnement, d'économie. Fiabilité et durabilité des moteurs à essence. Un bon montage d'un moteur à essence. Fondation. Disposition pour les conduites de gaz. Sac en caoutchouc. Dispositifs de verrouillage. Des tuyaux d'échappement. Tuyaux d'air. Mise en place de moteurs à gaz. Les freins et leur utilisation pour déterminer la puissance des moteurs à essence. Organisation d'un essai de freinage. Distribution de chaleur dans un moteur à gaz. Participation aux moteurs à essence. Remarques générales. Huile pour moteur à gaz. Graisseurs de cylindres. Règles de démarrage et d'arrêt d'un moteur à essence. Le nettoyage d'un moteur à essence. Observations générales et examen spécifique des défauts. Le moteur refuse de fonctionner. Non démarrage du moteur. Trop de pression sur le gaz. De l'eau dans le pot d'échappement. Difficulté à démarrer le moteur. Fonctionnement irrégulier. Perte de puissance. Mélanges de gaz faibles. Allumage tardif. Fissures dans l'entrée d'air. Retour de tir. Cogner et battre à l'intérieur du moteur. Dangers et mesures de précaution lors de la manipulation des moteurs à gaz. Précautions lors de l'ouverture des soupapes à gaz, du retrait du piston du cylindre, de l'examen avec des ouvertures légères des moteurs à gaz. Dangers lors du démarrage, du nettoyage, de la mise en place des ceintures.**Moteurs à huile.** Moteurs à gaz avec gaz producteur. Moteurs à essence et à huile. Remarques finales.

120 pages, illustrées, 12mo, tissu, 1,00 $.

Le meilleur et le moins cher du marché

ALGÈBRE AUTO-APPRENTISSÉE

À L'UTILISATION DES
Mécaniciens, des jeunes ingénieurs et des étudiants à domicile

PAR W. PAGET HIGGS, MA, D.Sc.

QUATRIÈME ÉDITION

CONTENU

Symboles et signes de fonctionnement. L'équation et la quantité inconnue. Quantités positives et négatives. Multiplication, involution, exposants, exposants négatifs, racines et utilisation d'exposants comme logarithmes. Logarithmes. Tableaux des logarithmes et des parties proportionnelles. Transport de systèmes de logarithmes. Utilisations courantes des logarithmes courants. Multiplication composée et théorème binomial. Division, fractions et rapport. Règles de division. Règles pour les fractions. Proportion continue, la série et la somme des séries. Exemples. Géométrique signifie. Limite de séries. Les équations. Appendice. Indice. 104 pages, 12mo, tissu, 60c.

Voir aussi **Algebraic Signs** , Spons 'Dictionary of Engineering, n ° 2. 40 cts.

Voir aussi **Calcul** , Supplément au dictionnaire des sponsors, n ° 5. 75 cts.

LA

GUIDE DU POMPIER

Un manuel sur l'entretien des chaudières

PAR KARL P. DAHLSTROM, MOI

CONTENU DES CHAPITRES

I. Tir et économie de carburant. —Précautions avant et après le démarrage du feu, entretien du feu, allumage approprié, tirage, fumée, progression du tir, combustible sur la grille, nettoyage, nettoyage des barres de grille et du cendrier, amortisseurs, cuisson dans deux ou plusieurs fours, sécher carburant, perte de chaleur.

II. Ligne d'alimentation et d'eau. —Alimentation, la conduite d'eau, fausse conduite d'eau, appareil d'alimentation défectueux, formation de tartre, robinets de jauge, jauge en verre, le flotteur, bouchon de sécurité, sifflet d'alarme.

III. Faible niveau d'eau et mousse ou apprêt. —Précautions lorsque l'eau est faible, mousse, amorçage.

IV. La pression de la vapeur. —Jauge à vapeur, soupapes de sécurité.

V. Nettoyage et vidange. —Nettoyage de la chaudière, pour examiner l'état de la chaudière, souffler, remplir la chaudière.

VI. Directions générales. —Comment éviter les accidents, les réparations, l'entretien de la chaudière lorsqu'elle n'est pas utilisée, le test des chaudières, le réglage et le nettoyage à l'extérieur. Résumé des règles. Indice.

8vo, tissu, 50 cents.

LE MOTEUR CORLISS.

PAR JOHN T. HENTHORN.

ET

GESTION DU MOTEUR CORLISS.

PAR CHARLES D. THURBER.

Uniforme en un seul volume. Couverture en tissu; Prix, 1,00 $.

Table des matières.

CHAPITRE I. —Introduction et historique; Revêtement de vapeur. CHAPITRE II. —Cartes d'indicateur. CHAPITRE III. —Cartes d'indicateur suite; le gouverneur. CHAPITRE IV. —Valve Gear et excentrique; Réglage de la vanne. CHAPITRE V. - Réglage des soupapes (suite), avec des schémas de celui-ci; Tableau des tours de vanne à vapeur. CHAPITRE VI. —Le réglage de la soupape a continué. CHAPITRE VII. —Lubrification avec diagrammes pour le même. CHAPITRE VIII. —Discussion sur la pompe à air et sa gestion. CHAPITRE IX. —Soins des engrenages principaux; meilleur lubrificateur pour le même. CHAPITRE X. - Chauffage des moulins par la vapeur d'échappement. CHAPITRE XI.—Fondations de moteurs; diagrammes et modèles pour le même. CHAPITRE XII. —Fondations poursuivies; Matériaux pour même, etc.

Troisième édition, avec une annexe.

COMMENT COURIR

Moteurs et chaudières

Instruction pratique pour les jeunes ingénieurs et les utilisateurs de vapeur.

PAR EGBERT POMEROY WATSON

RÉVISÉ ET ÉLARGI

Synopsis du contenu

Nettoyer la chaudière, enlever le tartre, les antitartres, l'huile dans les chaudières, les entretoises et les haubans, les fûts de boue et les tuyaux d'alimentation, les raccords de chaudière, les barres et les tubes de grille, les parois du pont, le tiroir, l'étranglement du moteur, le piston, le test du tiroir avec relation avec les orifices, les défauts du tiroir, le chevauchement et le plomb, la pression sur un tiroir, les raccords de tige à la soupape, les soupapes de leurs sièges, les guides de tige de soupape, les régulateurs, fonctionnant avec le soleil, les excentriques et les raccords, la manivelle goupille, boîtes en laiton, roulements sur goupilles, réglage des roulements, de la soupape et de l'engrenage, réglage des excentriques, fonctionnement réel, mouvement de retour de la manivelle, martèlement, les connexions, alignement des moteurs, fabrication de joints, moteurs à condensation, vide de Torricelli, preuve de l'atmosphère pression, pompes, pas de puissance dans le vide, supportant une colonne d'eau par l'atmosphère,démarrer une nouvelle usine, les plus hautes qualités exigées.

Chaudières à tubes d'eau, chaudières à tubes de feu, pourquoi les chaudières à tubes d'eau vapeur rapidement, chaudières à torpilles, gestion des chaudières à tubes d'eau, économie et entretien des chaudières à tubes d'eau.

BIBLIOGRAPHIE

150 pages, illustrées, 16mo, tissu, 1,00 $

BONNE PRATIQUE AMÉRICAINE.

UNE

LIVRE DE TEXTE ÉLÉMENTAIRE

SUR

S TEAM E NGINES ET

B OILERS

Par JH KINEALY, ME

Un livre **américain de** première classe pour les jeunes ingénieurs et tous ceux qui souhaitent occuper une position plus élevée.

CONTENU DES CHAPITRES.

1. Thermodynamique élémentaire. 2. Théorie de la machine à vapeur. 3, Types et détails des moteurs. 4. Admission de Steam par Valve. 5. Diagrammes de vannes. 6. Cartes d'indicateur et d'indicateur. 7. Moteurs composés et condenseurs. 8. Chaleur et combustion du carburant. 9. Chaudières, types, raccords, etc. 10. Cheminées. APPENDICE. Entretien des chaudières, des tables, de nombreux problèmes de réponses.

Troisième édition, (1901), entièrement révisée à ce jour et considérablement élargie.

259 pages, 108 illustrations, format 9¼ × 6¼.
Tissu, 2,00 $ ‡

LA VALVE à

GLISSIÈRE SIMPLEMENT EXPLIQUÉE

PAR WJ TENNANT, Asso. MIME

RÉVISÉ ET BEAUCOUP ÉLARGI
PAR JH KINEALY, DE

CONTENU DES CHAPITRES:

JE. La simple diapositive.

II. L'excentrique une manivelle. Modèle spécial pour donner des résultats quantitatifs.

III. Avance de l'excentrique.

IV. Centre mort. Ordre des manivelles. Amorti

V. Expansion - Tour intérieur et extérieur et avance; Avance affectée. Compression.

VI. Vannes à double orifice et à piston.

VII. L'effet des altérations de la valve et de l'excentrique.

VIII. Remarque sur les motions de lien.

IX. Remarque sur la coupure très précoce et sur les inverseurs de vitesse en général.

88 pages.   41 Illustrations.   12mo, tissu, 1,00 $.

MÉTHODES RAPIDES ET FACILES

DE

Calcul

AVEC LA REGLE A CALCUL

BIBLIOGRAPHIE

UNE EXPLICATION SIMPLE DE LA THEORIE ET DE L'UTILISATION DE LA REGLE A CALCUL, DES LOGARITHMES, ETC.

Avec de nombreux exemples élaborés.

PAR RG BLAINE, ME

———

Un travail des plus fiables, pratiques et précieux pour l'ingénieur.

———

144 pages.   Illustré.   12 mo, tissu, 1,00 $

———

La conception et la construction
DE
MOTEURS DE PÉTROLE

Avec des instructions complètes pour

Montage, test, installation, exécution et réparation.

Y compris des descriptions de
moteurs à huile de kérosène américains et anglais .

———

Par AH GOLDINGHAM, ME

———

Synopsis du contenu des chapitres :

1. Introduction, classification, vaporisateurs, dispositifs de pulvérisation et d'allumage, etc. 2. Conception et construction, cylindres, manivelles, arbres, pistons, bielles, volants d'inertie, cames d'air et d'échappement, soupapes, etc., roulements, cadres de moteur , Mécanismes de soupapes, engrenages, alimentation en huile, différents types de moteurs,

etc. 3. Test du moteur, défauts et remèdes, etc. 4. Réservoirs d'eau de refroidissement, silencieux d'échappement, démarreurs. 5. Dynamo d'entraînement de moteur d'huile, divers systèmes. 6. Compresseurs d'air d'entraînement de moteur d'huile. Pompe à eau, etc. 7. Instructions complètes pour le fonctionnement des moteurs à huile. 8. Conseils de réparation. 9. Description des divers moteurs pétroliers anglais et américains.

Entièrement illustré, 12mo. Tissu, 2,00 $ ‡

S PONS ' $ 2. 50

LE PROPRE LIVRE DE MÉCANICIEN,

UN MANUEL PRATIQUE .

CONTENU PRINCIPAL.

Dessin mécanique. (13 pages).

Casting et fondation. (31 pages).

Forgeage et finition. (56 pages).

Soudure. (26 pages).

Travail de la tôlerie. (10 pages).

Menuiserie, bois, outils, etc. (224 pages).

Fabrication d'ébénisterie. (36 pages).

Sculpture et Fretwork. (13 pages).

Tapisserie. (6 pages).

Peinture, grainage et marbrure. (28 pages).

Teinture et dorure. (16 pages).

Polissage. Vernissage. (26 pages).

Mouvements mécaniques. (56 pages).

Travail de tournage et de tour. (30 pages).

Maçonnerie, Pierre, Maçonnerie, Béton, etc. (45 pages).

Plâtrage, blanchiment à la chaux, chantage de papier. (13 pages).

Toiture, vitrage. (14 pages).

Cloche suspendue, raccord à gaz. (8 pages).

Éclairage, ventilation, réchauffement. (21 pages).

Fondations, routes et ponts, berges, haies, fossés et drains, approvisionnement en eau et assainissement. Construction de maison, etc. Taille du livre 6¾ po sur 8¾.

702 pages, moitié extra doré et 1420 illustrations.

NOUVELLE

ÉDITION "DE LUXE"

SUR PAPIER ASSIETTE LOURDE

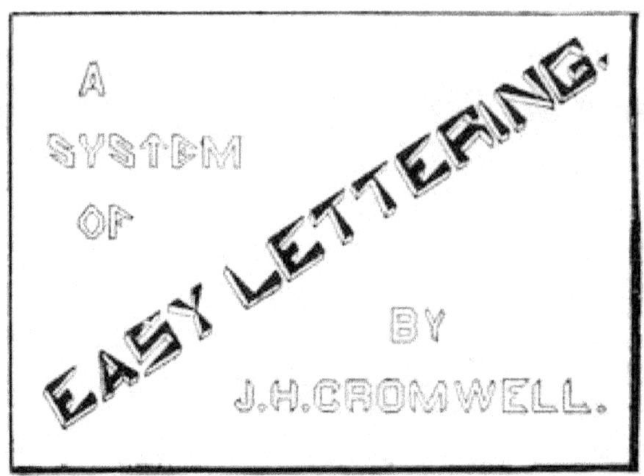

UN SYSTÈME DE
LETTRAGE FACILE.

PAR

JH CROMWELL.

SES BONS POINTS.

Très facile à apprendre.

Une méthode rapide pour devenir un bon lettreur avec un peu de pratique.

Très facile de tracer une ligne de mots en PROPORTION STRICTE , que ce soit sur une clôture de 500 mètres de long ou sur un dessin de seulement quelques centimètres de diamètre.

Idéal pour les dessinateurs qui préfèrent un lettrage soigné, mais quelque chose qui sort de l'ordinaire.

Il contient 26 pages d'alphabets dont les modifications sont presque illimitées.

L'un des moins chers du marché.

Ce petit livre sera apprécié des dessinateurs qui souhaitent utiliser des lettres simples (et pourtant quelque peu différentes de la série ordinaire de lettres) pour les titres des dessins. Le livre sera également précieuse et utile à toute personne qui n'a pas eu de pratique dans le lettrage, la méthode facile étant donné pour former les lettres permettra à une personne de former les lettres correctement, et avec un peu de pratique pour faire quickly.- *américaine Machinist.*

Oblong, 8vo, tissu, 50 cents

GUIDE DE
LA PHOTOGRAPHIE POUR TOUS

CONTENANT DES
INSTRUCTIONS POUR FAIRE VOS PROPRES APPAREILS ET
DES INSTRUCTIONS PRATIQUES SIMPLES POUR CHAQUE BRANCHE
DE TRAVAIL PHOTOGRAPHIQUE.

BIBLIOGRAPHIE

PAR

EJ WALL, FRPS

Auteur du *dictionnaire de la photographie* , etc., etc.

DEUXIÈME ÉDITION

NEW YORK :

SPON & CHAMBERLAIN,

12 CORTLANDT STREET .

1892

PAPIER DE SECTION TRANSVERSALE.

LE TAMPON DE CROQUIS MANUEL.

Imprimé sur une face, à l'encre bleue, toutes les lignes étant d'égale épaisseur, avec des tableaux utiles. Taille 8 × 10 pouces. Prix, 25c. chaque. Par douzaine de tampons, 2,50 $.

LE LIVRE DE CROQUIS PRATIQUE.

Fabriqué à partir de ce papier mais imprimé des deux côtés. Taille du livre 5 × 8 pouces, couvertures en carton rigide. Prix, 25c. chaque; par douzaine de livres, 2,50 $.

ÉCHELLE DE HUIT À UN POUCE.

Une grande feuille avec des lignes épaisses en pouces et des lignes d'un demi-pouce, imprimée à l'encre bleue. Taille de la feuille, 17 × 22 pouces. Par cahier (24 feuilles), 75c.

ÉCHELLE DE DIX À UN POUCE.

Format 17 x 22 pouces, imprimé à l'encre bleue, avec des lignes épaisses en pouces et des lignes d'un demi-pouce. Par cahier (24 feuilles), 75c.

LE PAD DE CROQUIS DE L'ÉLECTRICIEN.

Taille 8 × 10. Échelle de 10 à 1 po. Prix 25c. chaque. Par douzaine, 2,50 $.

LE LIVRE DE CROQUIS DE L'ÉLECTRICIEN.

Fabriqué à partir de ce papier. Échelle de 10 à 1 pouce. Taille du livre 5 × 8 pouces, avec des couvertures rigides. Prix, 25c. chaque; la douzaine, 2,50 $.

Toute quantité envoyée à n'importe quelle partie du monde à la réception du prix.
Ou livres et blocs assortis, par douzaine, 2,50 $

Ce papier n'est *pas régi* . Essayez-le et vous le trouverez
BON, PRÉCIS ET PAS CHER.

SPON & CHAMBERLAIN, 12 Cortlandt St. ,
NEW YORK.

Manuel d'instruction en

Soudure dure

AVEC UN ANNEXE SUR LA **RÉPARATION** DES **CADRES** DE **VÉLO**

Notes sur les alliages et un chapitre sur le brasage tendre

PAR HARVEY ROWELL

à la soudure dure après la soudure tendre. Tableaux de - densité, ténacité, fusibilité, alliages.

66 pages, illustrées, tissu, 75 cents.

Pour les reçus de soudure, les ciments et les luths, les pâtes, les colles et autres, *voir* REÇUS D'ATELIER .

PETITS ACCUMULATEURS

Comment fabriqué et utilisé

Un manuel pratique pour les étudiants et les jeunes électriciens

RÉDUIT PAR PERCIVAL MARSHALL, AIME

Contenu des chapitres

I. - La théorie de l'accumulateur.

II. — Comment fabriquer un accumulateur de poche 4 volts.

III. — Comment fabriquer un accumulateur de 32 ampères-heures.

IV. — Types de petits accumulateurs.

V. — Comment charger et utiliser les accumulateurs.

VI. — Applications des petits accumulateurs, nouveautés électriques, etc. Reçus utiles. Glossaire des termes techniques.

80 pages, 40 illustrations, 12mo, tissu, 50c.

BOBINES À INDUCTION

LE MAGNÉTO-TÉLÉPHONE

SA CONSTRUCTION,

Adaptation et adaptabilité à une utilisation quotidienne

PAR NORMAN HUGHES

CONTENU DES CHAPITRES

Quelques considérations électriques: I. - Introduction. II. — Construction. III. — Lignes, lignes intérieures. IV. — Appareil de signalisation. V. - Batteries. Batteries à circuit ouvert. Batteries à circuit fermé. VI. — Opérations pratiques. Circuit avec magnéto cloches et parafoudres. Comment tester la ligne. Circuit magnéto à bouton-poussoir. Deux stations avec sonnettes de batterie. VII. — Téléphone à batterie. Circuit téléphonique de batterie. Trois instruments sur une seule ligne. VIII. — Remarques générales. Indice.

80 pages, 23 illustrations, 12 mo, tissu, 1,00 $. En papier, 50c.

LIVRE DE TOUS SUR L'ÉLECTRICITÉ ÉLECTRIQUE

PRATIQUE

UN MANUEL UNIVERSEL
SUR LES
QUESTIONS ÉLECTRIQUES QUOTIDIENNES

CINQUIÈME ÉDITION

CONTENU:

Alarmes. -Portes et fenêtres; Citernes; Niveau d'eau bas dans les chaudières; Signaux horaires; Horloges. *Batteries.* -Fabrication; Cellules; Bichromate; Bunsen; Callan's; Oxyde de cuivre; Cruikshank's; Daniel's; Granule de carbone; Groves; Insulite; Leclanché; Chromate de chaux; Chlorure d'argent; Smee; Thermoélectrique. *Cloches.* —Système d'annonciateur; Double système; et téléphone; Fabrication; Aimant pour; Bobines ou bobines; Tremblant; Course simple; Sonnerie continue. *Connexions. Carbones. Bobines.* - Induction; Primaire; Secondaire; Disjoncteurs; La résistance. Bobines d' *intensité* . — Bobine; Primaire; Secondaire; Coeur; Disjoncteur; Condenseur; Piédestal; Commutateur; Connexions. *Machines dynamo-électriques.*—Aimants de champ; Pièces de poteau; Bobines d'aimant de champ; Noyaux et bobines d'armature; Collecteurs et brosses de commutation; Relation de la taille à l'efficacité; Méthodes d'excitation d'aimants de champ; Magnéto-Dynamos; Dynamos excités séparément; Shunt Dynamos; Aimants de champ; Armatures; Collectionneurs; Brush Dynamo; Courants alternatifs. *Risques d'incendie.* -Fils; Les lampes; Danger pour les personnes. *Mesure.* —Instruments sans enregistrement; Enregistrement des instruments. *Microphones. Moteurs. Phonographes. Photophones. Espace de rangement. Téléphones.* -Formes; Circuits et appels; Émetteur et interrupteur; Commutateur pour Simplex; etc.

135 PAGES. 126 ILLUSTRATIONS. 8VO.
Tissu, 75 cents

SÉRIE VEST POCKET.
TAILLE RÉELLE .

Reliure en rouan, coins ronds, bords dorés dans un étui celluloïd, 50c.

Reliure en rouan, coins arrondis, bords dorés, sous étui celluloïd, 50c.
Copies post-payées à la réception du prix.